Wie Kinder trocken werden können

2,-

OBERSTEBRINK

Gabriele Haug-Schnabel

Wie Kinder trocken werden können

Was Sie als Eltern wissen müssen, damit das Sauberwerden klappt

Die Deutsche Bibliothek - CIP-Einheitsaufnahme

Haug-Schnabel, Gabriele:
Wie Kinder trocken werden können : was Sie als Eltern wissen müssen, damit das Sauberwerden klappt; das Buch für Sauberkeits-Entwicklung und Sauberkeits-Erziehung / Gabriele Haug-Schnabel.
4. Aufl. - Ratingen : Oberstebrink-Verl., 1999
ISBN 3-9804493-4-3

4. Auflage

Fotos:	Privat, Stock Market
Gestaltung und Satz:	Oberstebrink
Herstellung:	Mohndruck Printed in Germany
Verlag:	Oberstebrink Verlag GmbH Ploenniesstr. 3, 40885 Ratingen-Lintorf Tel. 02102/771770 0, Fax 02102/17337

ISBN: 3-9804493-4-3

Meinen süßen Wilden
Nikolas, Anouk und Jojo

Liebe Eltern

Jetzt frage ich Sie einfach mal, warum Sie dieses Buch gekauft haben.

- **Weil Sie ein Baby haben und sich über das Thema Sauberkeits-Erziehung informieren wollen, bevor Ihr Kind bei diesem Entwicklungsabschnitt angekommen ist?** Sie haben sich mit diesem Buch für eine moderne, am Kind orientierte und deshalb erfolgreiche Sauberkeits-Erziehung entschieden. Sie werden darin die Antworten auf Ihre Fragen finden und so die wichtigen Zusammenhänge dieses Entwicklungsvorgangs nachvollziehen und Etappenziele besser verstehen. Wie Sie Ihrem Kind bei den anstehenden Aufgaben am ehesten helfen können, steht z. B. in den Kapiteln 2 und 3.
- **Oder haben Sie zu diesem Buch gegriffen, weil Ihr Kind gerade dabei ist, sauber zu werden, mitunter vielleicht schon Erfolge zu sehen sind, und alle gespannt verfolgen, wie die Sache nun weitergehen wird?** Jetzt wollen Sie natürlich alles richtig machen. Ja nichts Falsches, um keine Rückschläge zu provozieren. Doch gerade in dieser Übergangszeit hört man so viel Verschiedenes und vor allem Widersprüchliches. Das muß verwirren. In diesem Buch finden Sie die natürlichen Schritte zum Sauberwerden. Spezielle Hilfen zur Stabilisierung des beginnenden Erfolgs – also für immer mehr trockene Tage und dann auch trockene Nächte – finden Sie in Kapitel 1 und 3.
- **Vielleicht haben Sie aber auch dieses Buch gewählt, weil bei Ihrem Kind – anders als Sie es für sein jetziges Alter erwartet und vor allem gehofft hatten – die Blasen-Kontrolle immer noch nicht klappt.** Und nun droht das dauernde Einnässen langsam aber sicher zum Problem für Ihr Kind und auch für Sie zu werden. Ich bin sicher, Sie werden die momentane Situation Ihres Kindes nach der Lektüre des Buches besser verstehen und bald wissen, wie Sie ihm gerade jetzt gezielt helfen können. Vor allem in den Kapiteln 4 und 5 finden Sie dazu wichtige Hinweise.

- **Oder suchen Sie Rat, weil Ihr Kind schon einen jahrelange „Einnäßkarriere“ hinter sich hat?** Wenn bisher alles, was Sie versucht haben, vergeblich war, und wenn Sie bald wirklich nicht mehr weiterwissen – dann möchte ich speziell Ihnen mit diesem Buch helfen, die „Einnäßkarriere" Ihres Kindes zu beenden. Indem ich Ihnen zeige, wie Sie durch totales Umdenken ganz neue Wege finden, die endlich „ins Trockene“ führen.

Welche Form des Einnässens hat unser Kind? Was haben wir bereits versucht, und warum hat nichts davon genützt (Kapitel 7)? Wo müssen wir ansetzen, wenn wir etwas ändern wollen (Kapitel 5 und 8)? Mit den Antworten auf diese Fragen können Sie die Weichen für einen Änderungskurs stellen.

Ich werde Sie dabei unterstützen und Ihnen zeigen, wie Sie Ihr Kind und sein Problem ganz anders sehen können. Mit diesem neuen Blick werden Sie mit Ihrem Kind gemeinsam den geeigneten Lösungsweg finden.

Vielleicht interessiert Sie noch, warum ich das Buch geschrieben habe.

Seit vielen Jahren arbeite ich mit einnässenden Kindern und mit ihren Eltern. Mit Kindern, die jede oder fast jede Nacht naß sind, bei denen das Bett nicht nur einmal, sondern mitunter sogar mehrmals in einer Nacht „schwimmt".

Aber auch mit Jungen und Mädchen, bei denen tagsüber immer wieder ein Zwischenfall passiert, und „alles in die Hose geht". Oder mit den besonders Unglücklichen, bei denen tagsüber und nachts Malheure vorkommen. Unter den einnässenden Kindern, die Hilfe und Rat brauchen, sind welche, die – wenn man genau nachdenkt – eigentlich noch nie in ihrem Leben richtig trocken gewesen sind. Aber auch solche, bei denen das Einnässen nach Monaten, manchmal sogar nach Jahren einer toll funktionierenden Blase plötzlich und (fast) unerwartet wiederkommt und aus lauter Verzweiflung darüber alle vorherigen Erfolge vergessen läßt.

Ich weiß, wie Kinder darunter leiden, einfach nicht trocken zu werden, wie schwer sie sich in der Familie, im Kindergarten, bei ihren Freunden und natürlich dann vor allem auch in der Schulzeit mit diesem besonderen Problem tun. Diesen Kindern muß möglichst schnell geholfen werden. Und weil ich in vielen Beratungsjahren mitbekommen habe, was alles mit diesen Kindern unternommen wird, um sie endlich, endlich trocken zu bekommen, möchte ich meine Erfahrungen an Sie als Eltern weitergeben. Damit Sie alle Chancen nutzen können, Ihr Kind gezielt beim Trockenwerden zu unterstützen und ihm das Sauberwerden so leicht wie möglich zu machen.

Meine Arbeit hat mir gezeigt, unter welch starkem Leidensdruck nicht nur Ihre Kinder, sondern auch Sie stehen. Ihnen möchte ich zeigen, nein beweisen, daß Sie Ihrem Kind beim Trockenwerden tatsächlich helfen können. Auch wenn die letztendlich erfolgreiche Hilfe vielleicht ganz anders aussehen wird, als Sie sich das bisher vorgestellt haben.

Ihre
Gabriele Haug-Schnabel
Freiburg, April 1998

1

So wird ein Kind normalerweise sauber

In diesem Kapitel erfahren Sie, ...

- wie spannend das Sauberwerden für Kind und Eltern sein kann
- des Rätsels Lösung, warum Kinder ihren Darm meist früher kontrollieren können als ihre Blase
- warum jedes Kind seinen persönlichen Weg gehen muß, um sauber zu werden
- warum Sauberkeits-Erziehung am Anfang noch gar nicht gefragt ist

Warum sage ich Ihnen das?

Eigentlich halten die meisten Eltern das Sauberwerden ihres Kindes für etwas ganz Selbstverständliches, das sich im Laufe der ersten drei Lebensjahre -ebenso wie viele andere Fähigkeiten auch – einstellen wird. Trotzdem machen sich viele Eltern, Sie vielleicht auch, recht früh – oft so um den ersten Geburtstag des Kindes herum – Gedanken darüber, wie dieser Entwicklungsprozeß eigentlich vor sich geht.

Deshalb werde ich Ihnen zeigen, wie ein Kind Schritt für Schritt immer mehr seinen Darm und seine Blase und deren Aktivitäten wahrnehmen kann und schließlich auch in der Lage ist, die Stuhl- oder Harnabgabe zu kontrollieren. Ich werde Sie auf typische Stationen auf dem Weg zum Erfolg aufmerksam machen, um Ihnen Verunsicherungen zu ersparen.

Es wird auch darum gehen, was das Wort „normalerweise" im Zusammenhang mit dem Sauberwerden bedeutet. Nämlich nicht, daß alle Kinder dieses Ziel immer genau so, auf eine ganz bestimmte Weise und in einer bestimmten Zeit erreichen, sondern daß „normalerweise" (also bei den meisten Kindern) charakteristische Ähnlichkeiten im Entwicklungsverlauf zu finden sind. Dennoch kommen Abweichungen in der einen oder anderen Richtung gar nicht so selten vor, wobei auch diese Wege zum Ziel führen.

Es geht um die Blasen-Kontrolle

In diesem Buch „Wie Kinder trocken werden können" geht es um die Blasen-Kontrolle, ums Trockenwerden. Oft verwenden und hören wir in diesem Zusammenhang auch pauschal den Begriff Sauberwerden, obwohl zum richtigen „Saubersein" genau genommen zwei getrennte Leistungen gehören:. nämlich neben einer **perfekten Blasen-Kontrolle** auch eine **perfekte Darm-Kontrolle**. Von der wird aber nur ganz selten gesprochen – in unserem Buch ist dies übrigens genauso. Gibt es mit der Abgabe des Stuhls am richtigen Ort weniger Probleme? Ja, tatsächlich!

Über die **Darm-Kontrolle** werden deshalb so wenig Worte verloren, weil sie in den allermeisten Fällen schon vor der **Blasen-Kontrolle** klappt und bei fast allen Kindern ziemlich problemlos verläuft. Aber auch hier gibt es bereits Ausnahmen. Denken Sie immer daran: Jedes Kind hat seinen eigenen Weg.

Ich habe oft beobachten können, daß Kinder ihr „großes Geschäft" schon monatelang – manchmal seit über einem Jahr – in den Topf oder dann ins Klo machten, während an eine Beherrschung der Blase noch gar nicht zu denken war.

Was macht die Kontrolle des Darms einfacher als die der Blase?

Da ist zuerst einmal die unterschiedliche Häufigkeit, mit der beide Ereignisse vorkommen. Jeder Mensch muß öfter „klein" als „groß". Daher ist natürlich das Risiko, daß mit der Blase etwas schief gehen könnte, größer.

Schauen wir uns das 3. Lebensjahr eines Kindes einmal genauer an. In diesem Alter entleeren Kinder ihren Darm meist nur ein-, höchstens zweimal am Tag, gar nicht so selten auch nur jeden zweiten, wenn nicht sogar jeden dritten Tag. Und wie sieht es mit der Harnabgabe aus? Ihre Zahl hat sich zwar seit der Säuglingszeit wesentlich verringert, trotzdem uriniert ein Kind im 3. Lebensjahr immerhin noch etwa 10 mal am Tag. Es kann also viel häufiger etwas schiefgehen.

*Ein weiterer Unterschied kommt hinzu, den der 4 jährige **Julian** treffend beschrieb: „Das dünne Pipi fällt eben viel plötzlicher und viel leichter aus seinem Loch raus als das dicke Kacka!"*

Recht hat er. Denn Darm und Blase kündigen ihre Aktivitäten ganz unterschiedlich an. Der Darm meldet sich ganz eindeutig – nach dem Motto: „Diskussion zwecklos, jetzt passiert es dann gleich." Ganz anders die Blase: Bei ihr muß man schon ein bißchen „Fachfrau" oder „Fachmann" geworden sein, um ihre Signale richtig zu verstehen und auch ernstzunehmen. Zuerst läßt sie immer noch recht lange mit sich handeln, doch dann, ganz plötzlich, besteht sie kompromißlos auf ihrem Recht.

Eine **Darm-Entleerung** kündigt sich durch ein langsam immer stärker werdendes und schließlich recht penetrantes Rumoren und Drücken im Bauch an. Dieses Geschehen ereignet sich bevorzugt zu einer bestimmten Tageszeit, z.B. nach dem Aufstehen, kurz nach der 2. Frühstücks-Tasse oder nach dem Mittagessen. Viele Menschen haben seit ihren Kleinkindjahren – und dann zeitlebens – ihre feste Zeit für die tägliche Stuhlabgabe. Diese eindeutige Anmeldung und recht zuverlässige Regelmäßigkeit des Geschehens erleichtern es offensichtlich einem Kind, im Laufe des zweiten Lebensjahres eine nahende Darmentleerung wahrzunehmen und sich Schritt für Schritt darauf einstellen zu können. Die perfekte Kontrolle wird dann noch ein Weilchen auf sich warten lassen.

Ist Ihr Kind entwicklungsmäßig so weit, daß ihm Empfindungen aus dem Darmbereich auffallen und bewußt werden, können Sie übrigens diesen **Reifungsschritt** „von außen" gut ablesen. Denn wenn Ihr Kind beginnt, die vermehrte Aktivität seines Darmes mitzubekommen, „hört" es kurz in sich hinein, ist anfangs verunsichert – doch dann erkennt es die Situation recht schnell wieder. **Das ist der erste Schritt auf dem Weg zur perfekten Darm-Kontrolle**.

Und nun geht es Schlag auf Schlag weiter: Jetzt nimmt das Kind bewußt wahr, daß sich sein Bauch ein- oder zweimal am Tag anders als sonst anfühlt. „Aua Bauch" nennt ihn Nikita dann, und Raffael sagt „Komisch unten". **Das ist der 1. Erfolgsschritt**: Die Aufmerksamkeit wird auf ein bestimmtes Körpergefühl gerichtet. Ist diese Situation nicht mehr ganz so neu und wird vertrauter, so beginnt das Kind, jeweils Vorbereitungen zu treffen. Es unterbricht seine Aktivitäten und zieht sich an ein abgeschiedenes Plätzchen zurück oder macht es sich sonstwie bequem. Nun kann das Geschehen in aller Ruhe ablaufen – zunächst einmal in die Windel, was noch völlig richtig ist. Alles andere würde jetzt noch überfordern.

Das bewußte Einkoten in die **Windel** ist ein wichtiger Etappensieg – der **2. Erfolgsschritt**.

Jetzt kann es ganz unterschiedlich weitergehen:

***Lara** spielt nach dem Geschehen einfach weiter, als ob es das Duftpaket in ihrer Hose nicht gäbe. Erst wenn sie darauf angesprochen wird, scheint es ihr wieder einzufallen.*

*Bei **Sven** soll „es“ möglichst schnell rausgemacht werden. Er will mit voller Windel weder stehen, noch sitzen, noch liegen – und schon gar nicht spielen.*

***Theo** kommt angerannt und meldet freudestrahlend das Ereignis. „Stinker macht!“, zum Beispiel. Und er erwartet rundherum begeisterte Gesichter. Und die hat er auch verdient. Er hat nämlich bereits die nächste Hürde genommen.*

Das Kind ist nun soweit, das mitzuteilen und zu benennen, was gerade eben oder vor wenigen Minuten bei ihm passiert ist. Das ist der **3. Erfolgsschritt**.

Noch einiges mehr – und deshalb auch noch viel Zeit und Geduld – gehört dazu, jetzt noch aufmerksamer und schneller zu werden und bereits die einen Stuhlgang ankündigenden „Empfindungen“ melden und passend „bearbeiten“ zu können, so daß tatsächlich noch eine Chance besteht, rechtzeitig und mit nacktem Hintern auf dem Topf oder Klo anzukommen (siehe Kapitel 2). Sie ahnen schon: Das ist der **4. Erfolgsschritt**.

Wir befinden uns ganz kurz vor dem Ziel.

Doch halt. Eine Hürde kann es noch geben. Und die ist gar nicht so selten mit einem zeitweiligen Rückschritt verbunden.

Kennen Sie diese Situation?

***Manulo**, knappe 3 Jahre alt und erst seit wenigen Tagen stolzer „Ins-Töpfchen-Macher“, sitzt mit nacktem Popo auf dem flauschigen*

Badezimmerteppich und knetet hingebungsvoll seinen Töpfcheninhalt zwischen den Fingern. „Ist warm!" informiert er die beim Eintreten erstarrte Mutter. Dieses Mal kommt kein Lob aus ihrem Mund. Er versteht die Welt nicht mehr, als sie ihn mit einem spitzen Schrei hochreißt, zum Waschbecken zerrt und ihm ziemlich grob die Hände mehrmals mit Wasser und Seife schrubbt. „Der Stinker war doch gar nicht schmutzig, er ist mir nicht auf den Boden gefallen!", versucht er unter Tränen zu erklären.

Mit dem Anmelden des Geschehens war es erst einmal vorbei. Es dauerte mehrere Wochen und brauchte viele Gespräche, bis Manulo wieder nicht mehr schweigend in die Hose machte, sondern nun einen erneuten Versuch wagte, den Topf zu benutzten. Von jetzt an durfte er sein Produkt in Ruhe ansehen und anschließend selbst ins Klo kippen und hinunterspülen.

Wer soll so etwas Kompliziertes auch auf Anhieb verstehen? Ein Kind sicher nicht. Denken Sie sich doch mal in Ihre Tochter oder Ihren Sohn hinein. Einen Riesenumstand für ein Endprodukt, dessen genauere Untersuchung einem mit vor Ekel gerümpfter Nase untersagt wird. Es kommt noch schlimmer: Das angeblich so heiß Ersehnte wird einfach das Klo hinabgespült, als ob es das ganze Theater darum nie gegeben hätte. Es gehört schon recht viel Reife und Verständnis für die elterliche Welt dazu, zu akzeptieren, daß es sich beim Kacka um nichts anderes als um nun wertlos gewordene Essensreste handelt, die, wenn sie erstmal „ordnungsgemäß" abgegeben sind, plötzlich nicht mehr wichtig zu sein scheinen.

Profi ist, wer alle diese Hürden nimmt – und das sind immerhin über 90% aller Kinder, denen es bis zu ihrem dritten Geburtstag gelingt, die Kotabgabe zu kontrollieren. Bis auf ganz wenige Ausnahmen haben alle Kinder, bis sie 4 Jahre alt sind, das **Ziel** „perfekte **Darm-Kontrolle**" endgültig erreicht.

Wo liegen aber nun die besonderen Schwierigkeiten der **Blasen-Kontrolle,** die immerhin so erwähnenswert zu sein scheinen, daß ich ein ganzes Buch darüber geschrieben habe?

Damit ich es nicht vergesse: Ab jetzt wird es nur noch um die **Blasen-Kontrolle** gehen. Sie ist unser eigentliches Thema. Dabei können wir – wie in der Umgangssprache schon lange üblich – die Worte „trocken" und „sauber" ohne Bedenken gleichbedeutend verwenden. Wenn im weiteren Text z.B. von der **Sauberkeits-Erziehung** die Rede sein wird, wissen Sie, daß die Erziehung zur kontrollierten Harnabgabe gemeint ist.

Den Harn abgeben müssen Kinder (wir Erwachsenen übrigens auch) schon mal viel häufiger und mit wenig Regelmäßigkeit. Die Blase verlangt also generell mehr Aufmerksamkeit, über den ganzen Tag verteilt. Zusätzlich ist ihr Vorwarnsystem viel nachlässiger und schwieriger zu verstehen als das des Darmes. Erst ganz kurz, bevor es zu spät ist, schlägt die Blase so richtig Alarm. Davor meldet sie sich schon mal hin und wieder mit einigen dezenten „Bald-passiert-es"-Signalen, zwischen denen aber noch ziemlich lange „Vergiß-es-wieder"-Pausen sein können. Solche Signale lassen sich ganz leicht ignorieren – vor allem, wenn im Moment etwas viel Interessanteres auf dem Programm steht, als zur Toilette zu gehen.

Das heißt: Jedes Kind muß erst begreifen, daß dieses vorsichtige Anklopfen der Blase tatsächlich ihm gilt und zu einem Toilettengang auffordert. Denn wenn es dann wirklich Ernst wird, wenn Überschwemmung droht, dann geht alles unheimlich schnell. Die nun prallvolle Blase schlägt jetzt zwar eindeutig Alarm – starken Harndrang nennen wir dieses Gefühl – doch jetzt darf es keinerlei Aufschub mehr geben. Ein kurzes Zögern, eine kleine Ablenkung, das Klo nicht sofort finden, die Hose nicht aufbekommen – alles, was unerwartet dazwischen kommt, bedeutet eine kleine Katastrophe. „Das war knapp!" haben auch Sie sicher schon oft gedacht, wenn es so gerade eben noch geklappt hat.

Daß die Darm-Kontrolle bei einem Kind im Normalfall früher und zuverlässiger klappt als die Blasen-Kontrolle, verwundert Sie sicher jetzt nicht mehr so. Die Blase perfekt zu kontrollieren, ist also schwieriger, als den Darm zu beherrschen, und es kann durchaus 4 bis 5 Jahre lang dauern.

„Wie bitte?" werden viele von Ihnen mit Erstaunen fragen. Sie haben völlig richtig gelesen: Die meisten Kinder erreichen die Sauberkeit zwar früher, doch bis zum Alter von 5 Jahren wird das Einnässen als noch im Rahmen des normalen Entwicklungsverlaufs gesehen, noch nicht als auffällig eingeschätzt oder gar als besorgniserregend gewertet.

**Und was meint der Kinderarzt damit,
wenn er von einem „normalen Entwicklungsverlauf" spricht?**

- Es ist der **Entwicklungsverlauf**, den die meisten Kinder zeigen, und nach dem die Werte in den sogenannten Entwicklungstabellen ausgerichtet werden.
- **Entwicklungstabellen** sind nichts zum Fürchten. Sie sind nichts anderes als die Auflistung vieler Ergebnisse aus verschiedenen Bereichen, die jeweils mit Hilfe von Durchschnittsberechnungen aus den Angaben über die Entwicklung von Tausenden von Kindern ermittelt worden sind. Es handelt sich um theoretische Richtlinien, die nur **ein** Beurteilungskriterium unter vielen zur Entwicklungseinschätzung sind.
- Das Durchschnittskind, dessen Werte hier verzeichnet sind, gibt es nicht. Vickys und Oles Entwicklung verläuft mit individuell verschiedener Geschwindigkeit, sogar für jeden Verhaltensbereich unterschiedlich.
- Deshalb sind in den heutigen Tabellen zur Entwicklungs-Diagnostik nicht mehr Einzelleistungen aufgereiht, die zu einem bestimmten Alter erbracht werden müssen (z.B. frei sitzen: 8 Monate). Die heutigen Tabellen geben eine grob umrissene Abfolge von Entwicklungsbereichen vor, die individuelle Abweichungen zulassen. So werden Entwicklungs-Schnellzüge im einen Bereich (z.B. Sprachentwicklung) und Entwicklungs-Bummelzüge in einem anderen (z.B. Sauberkeit) für durchaus normal gehalten und bei der Gesamtbeurteilung eines Kindes berücksichtigt.

Sie wissen jetzt ja schon, daß der Weg zur perfekten Darm-Kontrolle über einzelne aufeinanderfolgende Erfolgsschritte abläuft. Das ist bei der Blasen-Kontrolle nicht anders.

Doch hängen diese Erfolgsschritte sehr stark vom kindlichen Entwicklungstempo ab. Bestimmte körperliche Fähigkeiten müssen erst vorhanden sein, genaugenommen gereift sein (siehe Kapitel 3), bevor das Kind eine Chance auf Erfolg hat.

Da müssen zuerst einmal die Nervenverbindungen zwischen Gehirn und Blase soweit fertiggestellt und ausdifferenziert sein, daß das Kind Harndrang spüren und ihn als Signal der vollen Blase zuordnen kann. Im Laufe der weiteren Entwicklung kann das Kind nun immer mehr Einfluß auf seine Blasen-Entleerung nehmen und schließlich weitgehend selbst bestimmen, wann und wo es seine Blase entleeren möchte.

Die Wissenschaft hat festgestellt:

- Ein Kind gibt in den ersten Lebensmonaten etwa 30 mal in 24 Stunden Harn ab. Soweit wir wissen, geschieht das unbewußt.
- Die Harnabgaben werden erst mit einem halben Jahr seltener – jetzt sind es noch etwa 20 pro Tag.
- Das Gefühl für den Harndrang entwickelt sich erst zwischen dem 1. und dem 2. Lebensjahr, d.h. erst dann klappt die Verschaltung so gut, daß ein Kind die Körpersignale einer stark gefüllten Blase wahrnehmen kann.
- Dieser Entwicklungsschritt ist die wichtigste Voraussetzung, um überhaupt etwas über den Vorgang im Körper nach außen melden und darauf reagieren zu können.
- Die Nervenbahnen haben sich frühestens Ende des 2. Lebensjahres – häufig jedoch erst im Laufe des 3. – so differenziert entwickelt, daß ein Kind zur perfekten Kontrolle seiner Blasen-Schließmuskeln fähig ist: Jetzt wird bereits eine zunehmende Blasenfüllung gespürt – und zwar, bevor die Blase prall gefüllt und alles zu spät ist.

- Nach dem 4. Lebensjahr sind rund 80% der Kinder in der Lage, bei Harndrang die Harnabgabe noch einige Zeit selbst hinauszuzögern. Eine weitere Leistung kommt im gleichen Alter hinzu: Jetzt können die Kinder sogar bei geringer Blasenfüllung eine Harnabgabe willentlich einleiten.

Und was bedeuten diese Erkenntnisse für das Familienleben von Felix, Peer und Yolanda?

> ***Felix**, knappe 4 Jahre alt, bittet seinen Vater, noch kurz auf ihn zu warten, da er noch schnell vor dem Spielplatzbesuch zu Hause Pipi machen will. „Auf dem Spielplatz pinkle ich nicht gern. Da geniere ich mich, weil die anderen so glotzen und es hinten bei den Büschen immer stinkt."*

> ***Peer**, 3 Jahre und 2 Monate alt, fährt mit Mama im Auto über die Autobahn zu den Großeltern. „Mama, ich muß mal!" – „Das geht gerade nicht, der nächste Parkplatz kommt aber gleich. Kannst Du es noch halten? Du kannst ja mit aufpassen und mir sofort Bescheid sagen, wenn das blaue Schild mit dem P kommt, das ich Dir schon öfters gezeigt habe. Dann fahre ich ganz schnell raus."*

> *„**Yolanda**, geh' doch noch mal schnell vor dem Schlittenfahren zur Toilette, damit wir Dich nicht wieder nach der ersten Abfahrt aus dem Schneeanzug pellen müssen!"*

Haben Sie übrigens schon einmal darüber nachgedacht, daß solche Vorkehrungsmaßnahmen nur mit der Blase klappen, mit dem Darm aber nicht? Wir können nicht schon mal vorsorgehalber eine kleine Portion Stuhl absetzen, damit wir dann längere Zeit Ruhe haben.

Am besten ist es natürlich, wenn Ihr Kind sozusagen „auf Befehl pinkeln" kann, ohne zu „müssen" – beispielsweise vor einer längeren Autofahrt.

Aber dafür müssen erst die körperlichen Voraussetzungen für eine perfekte Blasen-Kontrolle geschaffen sein. Nur dann kann ihr Kind überhaupt folgsam auf Ihre Anweisungen reagieren. Vorher mag Ihr Kind noch so willig sein – es kann noch nicht klappen. Ganz einfach deshalb, weil die körperlichen Vorbedingungen noch nicht weit genug entwickelt sind.

Kapitel 1: Das Wichtigste in Kürze

- Der Darm ist leichter zu kontrollieren als die Blase. Er muß seltener entleert werden, und seine Signale sind eindeutiger und regelmäßiger.
- Mit 4 Jahren können über 90% aller Kinder ihren Darm kontrollieren.
- Seine Blase perfekt zu beherrschen, kann durchaus 4-5 Jahre dauern, auch wenn dies die meisten Kinder im dritten Lebensjahr schaffen.
- Viele Eltern verlangen zu früh eine perfekte Blasen-Kontrolle.
- Denn zuerst müssen wichtige Voraussetzungen entwickelt sein, damit ein Kind Harndrang wahrnehmen, darauf reagieren und seine Blase willentlich entleeren oder eben nicht entleeren kann.

2

Sauberwerden – ein Weg, der Zeit und Geduld braucht

In diesem Kapitel erfahren Sie, ...

- warum Sie Ihrem Kind Zeit geben müssen, sich zu entwickeln
- warum die Zeit und Geduld, die Sie Ihrem Kind geben, Ihnen beiden später ein Vielfaches an zeitaufwendigen Mühen ersparen
- warum auch Rückschritte Schritte nach vorn sein können

Warum sage ich Ihnen das?

Weil ich aus vielen Beratungsgesprächen weiß, daß Eltern oft ungeduldig auf ihren ersten „Auftritt“ im Stück „Sauberkeit“ warten, aber nicht so recht wissen, wie dieser dann aussehen sollte. Bitte, machen Sie sich eins immer wieder klar: Für Sie ist zunächst nur die Rolle des behutsamen und verständnisvollen Helfers an der Seite der „jungen Helden“ vorgesehen.

Auf dem Weg zur perfekten Blasen-Kontrolle Ihres Kindes werden Sie mit Unerwartetem und auch mit auf den ersten Blick Unverständlichem konfrontiert. Ich will Sie auf überraschende Zwischenfälle vorbereiten, damit diese nicht mehr ganz so unerwartet sind.

Ich will Ihnen aber auch „unheimliche“ Begegnungen mit Ihrem Kind erklären, damit sie Ihnen nicht mehr so außergewöhnlich erscheinen. Alles, damit Sie lernen, mit der neuen Situation umzugehen, und vor allem Geduld und Zuversicht behalten, da diese zwei Tugenden für einen Erfolg unbedingt nötig sind.

Kennen Sie diese Situation?

Die etwas über zwei Jahre alte ***Babette*** *steht, ein Lied summend, am Couchtisch und zieht ihre Puppe um. Plötzlich stoppt sie ihr Singen und geht langsam in die Hocke. In dieser Stellung verharrt sie einen Moment. Dann springt sie auf und rennt zu ihrem Vater, der mit der Zeitung im Sessel sitzt. „Papa, Bette hat Hose gestrullt!“*

Wie könnte der Vater reagieren? Spielen wir mal einige mögliche Varianten durch.

Reaktion	Kurzkommentar – hart aber wahr
1) „Nie hat man in diesem Haus mal 5 Minuten Ruhe!“	Unangebrachter Rundum-Vorwurf
2) „Hast Du es gemerkt? Prima! Dann gehen wir schnell die Windel wechseln.“	Positive Reaktion
3) „Toll, aber hättst Du das nicht vorher sagen können?“	Versteckter Vorwurf. Das anfängliche Lob wird dadurch entwertet.
4) „Jetzt ist es sowieso zu spät, laß mich meine Zeitung weiterlesen.“	Das nennt man „jemandem die Luft rauslassen“
5) „Geh zu Mama, die weiß, was da zu tun ist.“	Sich aus seiner Verantwortung schleichen
6) „Warum ist denn das schon wieder passiert? Das merkt man doch, wenn es kommt.“	Ungerechtfertigter Vorwurf, der mangelnde Kenntnis über die Entwicklungs-Zusammenhänge zeigt

Auf Ihre Reaktion kommt es an

Die Möglichkeit, daß mit Babette richtig geschimpft und sie womöglich bestraft wird, können wir mit großer Wahrscheinlichkeit ausschließen. Hätte sie so etwas nämlich in vergleichbaren Situationen schon mal erlebt, würde sie ihrem Vater das Ereignis nicht mitteilen, sondern die nasse Windel oder Hose verheimlichen.

Diese Situation „**Meldung im Nachhinein**“ ist typisch für den Start zum Sauberwerden. Wir kennen sie bereits von der Darm-Kontrolle (Kapitel 1). **Jetzt kommt es auf Ihre Reaktion an**. Sie machen nichts falsch, wenn Sie verstanden haben, daß es für ein Kind anfangs bereits eine lobenswerte Leistung ist, das zu melden, was gerade eben abläuft oder soeben abgelaufen ist – auch dann, wenn es für Ihr Eingreifen schon zu spät ist, wenn alles bereits in die Hose gegangen ist und Sie für den Moment nichts mehr retten können.

Die zweite der oben aufgeführten sechs Reaktionen wirkt sich zweifelsfrei am positivsten aus. Babette versteht und genießt das Lob, das sie für ihre Aufmerksamkeit bekommt; sie wird ermuntert, weiterhin auf Signale aus dem Blasenbereich zu achten. Der anschließende Vorschlag zeigt ihr, wie man das Problem der nassen Windel gemeinsam angehen kann.

Vorwürfe – global, versteckt oder mit Enttäuschung versehen – genauso wie Desinteresse, helfen niemandem. Aber sie können schaden, weil sie einen Rückfall in die kommentarlose Zeit bewirken, der alles wieder verzögern wird. Das Kind liest nämlich zwischen den Zeilen: „Der Papa oder die Mama freuen sich ja gar nicht, wenn ich es ihnen sage." Also verzichtet es auf die Meldung. Es lohnt sich ja offensichtlich nicht, auf das Geschehen im Unterleib zu achten.

Vorwürfe sind absolut fehl am Platz, weil sie verunsichern. Denn Ihr Kind wird in diesem Stadium noch vom Ablauf des Geschehens überrollt und kann deshalb dessen Herannahen überhaupt noch nicht melden. Es ist ja noch gar nicht lange her, daß Ihr Kind den Harndrang als Körpersignal überhaupt erst kennengelernt hat.

Jeden Entwicklungsschritt positiv begleiten

Sie als Eltern befinden sich ja sicher schon seit einiger Zeit in den Startlöchern und warten auf Ihren Einsatz.

Jetzt können Sie tatsächlich helfen. Indem Sie **jeden Entwicklungsschritt, den Ihr Kind tut, positiv begleiten**. Also versuchen Sie nicht, einen Entwicklungsschritt zu beschleunigen, sondern bestärken Sie ihn, sobald sich einer andeutet. Damit machen Sie die ganze Entwicklung stabiler. Warum das Beschleunigen nicht klappen kann, erfahren Sie in Kapitel 3.

Und wie soll das Bestärken gehen?

Kennen Sie diese Situation?

***Una** (26 Monate) befindet sich im Stadium „Meldung im Nachhinein", für das ihre Eltern bereits Interesse gezeigt und sie gelobt haben. Nun beobachtet die Mutter seit einigen Tagen, daß Una beim Spielen plötzlich trippelt und tänzelt, manchmal die Beine zusammenpreßt – und kurz danach mit einer neuen Erfolgsmeldung naht. Die Mutter interpretiert die Situation richtig, wenn sie davon ausgeht, daß Una den stärker werdenden Harndrang verspürt und nun alles versucht, um die Harnabgabe hinauszuzögern.*

Jetzt ist im Entwicklungsverlauf der knapp unter oder kurz über Zweijährigen der Augenblick gekommen, in dem Sie am Verhalten Ihres Kindes eindeutige **Anzeichen für Harndrang** ablesen können. Wenn Sie solche Anzeichen erkennen, können Sie Ihr Kind ruhig darauf ansprechen. Es bietet sich z.B.an, ihm eine Topfsitzung oder einen Toilettengang nahezulegen. Aber nur vorschlagen, nicht erzwingen – etwa so: „Komm, wir versuchen mal, ob das Pipi ins Töpfchen plätschert!"

Was kann auf diese Anregung hin passieren?

1) Es gibt Kinder, die bei dieser Aktion sofort begeistert dabei sind, und bei denen es in den nächsten Wochen auch immer wieder klappen wird, daß sie sich aufs Töpfchen setzen und mitunter sogar reinpinkeln.
2) Genauso gibt es Kinder, die diese Prozedur ein- oder zweimal ganz nett finden, dann aber auf dieses Thema vorerst nicht mehr anzusprechen sind. Die Sache hat ihren Reiz verloren. Fertig.
3) Mir sind auch schon häufig Kinder begegnet, die diesen Vorschlag schlichtweg albern finden. Was sich deutlich daran zeigt, daß sie von sich aus nicht nach Topf oder Toilette fragen und außerdem gegen alle Zwangsmaßnahmen protestieren werden.

Ich wage eine Prognose. Wenn Sie spekulieren müßten, welcher der 3 Kindertypen wohl am schnellsten trocken wird, glaube ich, daß Sie die meisten Chancen der 1. Gruppe geben. Bei der 2. Gruppe vermuten Sie – meiner Schätzung nach – etwas mehr Schwierigkeiten, weil Sie denken, daß diese Kinder wohl etwas länger brauchen. Mit ziemlicher Sicherheit werden Sie davon ausgehen, daß Gruppe 3 als letzte ins Ziel gehen wird.

Ich muß Sie enttäuschen, kann Sie aber gleichzeitig beruhigen. Sie liegen mit Ihrem Tip zwar daneben, brauchen sich dafür aber auch keine Sorgen zu machen, falls Ihr Sohn oder Ihre Tochter nicht zur 1. Gruppe gehören sollte. Der Startumgang mit Topf oder Toilette sagt überhaupt nichts über Sauberkeitserfolge und die bis dahin noch anstehende Zeit aus.

Wer am Ende schneller trocken ist – jemand aus der Reihe der begeisterten Topfsitzer, einer der jetzt noch eher Distanzierten oder sogar einer der klar Ablehnenden – das läßt sich vorab überhaupt nicht sagen.

Ich hatte versprochen, Sie auf Besonderheiten beim Sauberwerden hinzuweisen. Hier ist eine, die gar nicht so selten zu beobachten ist:

> ***Sascia*** *zappelt mit zusammengepreßten Schenkeln auf dem Stuhl herum. Ihr Vater bringt den Topf und sagt: „Sasci-Maus, mach doch mal schnell Pipi. Ich glaube, es will raus, Du kannst ja schon gar nicht mehr richtig sitzen." Sascia läuft zum Topf, rennt aber nochmals weg, holt ihren Teddy vom Sofa und setzt diesen auf den Topf. Während sie ihn liebevoll hält und ihm ermutigend zuspricht, doch jetzt „Pipi ins Topfe" zu machen, pinkelt sie selbst in die Windel.*

„Kann mir bitte mal jemand erklären, was das bedeuten soll?" wird der Vater fassungslos stöhnen. Trotz aller anfänglichen Überraschung ist die Situation eigentlich eindeutig. Man braucht Vertrauen in diese Gefäße – Töpfchen wie Toilette – bevor man sie selbst benutzt. Der Aufbau dieses Vertrauens braucht Zeit. Vertrauen gewinnt man auf ganz individuelle Weise, z.B.

- indem **Maxine** mindestens 104 mal fragt: „Falle ich da auch bestimmt nicht hinein? Hältst Du mich?"

- indem **Nadine** bei jedem Klobesuch eines Familienmitglieds oder Gastes zuschauen möchte
- indem **Claudius** sich auch zum Spielen, voll bekleidet, ab und zu mal daraufsetzt
- indem **Felix** nur auf einen ganz bestimmten Topf geht, der nur an einer ganz bestimmten Stelle stehen darf
- indem die Szene eben, wie von Sascia, zuerst mehrmals mit vertrauten Wesen durchgespielt wird, bis der Vorgang schon fast zur Routine geworden ist, und man nun selbst – ohne Herzklopfen – in die Rolle des „Todesmutigen" schlüpfen kann.

Sie sehen: **Sauberwerden braucht Zeit und Geduld**.

Um sauber zu werden, muß ein Kind erst einmal Interesse an den Körper-Ausscheidungen gewinnen. Es muß daran etwas spannend finden – lohnend genug, sich näher damit zu beschäftigen. Die häufigste Aktivität in dieser Altersgruppe ist das Spielen. Für Kinder in diesem Alter ist das ganze Leben ein Spiel – und das Sauberwerden gehört mit zu diesem Spiel.

Wenn ein Kind sich für seine Ausscheidungen und alles was dazugehört - Topf, Toilettensitz, die Toilette selbst – zu interessieren beginnt, lassen die ersten Erfolge nicht mehr lange auf sich warten.

Kennen Sie diese Situation?

Viele Kinder spielen in der Zeit, in der erste Aufmerksamkeit auf Darm und Blase gerichtet wird, häufig, daß ihre Tiere Kacka oder Pipi machen müssen.

***Anjuscha**, knapp zwei Jahre alt, hatte einen Adventskalender bekommen, aus dessen Türchen während der Vorweihnachtszeit 24 kleine Holztiere kamen. Sie spielte viel mit ihnen und ließ fast jeden Tag nacheinander alle Pipi (kleine Pfützchen aus dem Sprudelglas) oder Kacka (winzige Fetzen eines Papiertaschentuches, die hinter je-*

des Tier gelegt wurden) machen. Im Januar begann sie dann fast regelmäßig, die morgendlichen Schmuseminuten im Elternbett zu unterbrechen. Sie krabbelte raus, rief „Juscha, Topfe, Pipi“ und lief Richtung Bad.

Sie erinnern sich daran: Jedes Kind muß seinen persönlichen Weg gehen, um sauber zu werden. Und was für Sie vielleicht nach Umweg aussieht, kann für Ihr Kind der direkte Weg sein.

Ihre Aufgabe ist es, wesentliche Entwicklungs-Schritte zu unterstützen. Das geschieht automatisch, sobald Sie

- die „**Meldung im Nachhinein**“ (Pipi gemacht) anerkennen
- einen Töpfchen- oder Toilettenbesuch anbieten, immer wenn **Anzeichen für Harndrang** sichtbar werden.

Selbst wenn Ihr Kind auf Ihre Anregung hin nicht sofort begeistert zum Topf stürzt, passiert dennoch etwas Entscheidendes – Ihr Kind knüpft eine wichtige Assoziation: „Aha! **Harndrang** spüren bedeutet, daß bald eine Entleerung passieren wird“ Ein erst seit kurzem bewußt erlebtes Körpergefühl wird mit einem darauf folgenden Vorgang in Verbindung gebracht. Diese innere Verknüpfung ist auf jeden Fall ein Erfolg. Denn erst, wenn diese Verbindung besteht, kann Ihr Kind lernen, auf sein Körpergefühl zu reagieren und entsprechend zu handeln.

Doch das klappt nicht so einfach von heute auf morgen, sondern wird Schritt für Schritt bewältigt. Unterstützen Sie ihr Kind bei jedem Schritt. Geben Sie ihm die Zeit, sich zu entwickeln. Irgendwann ist die perfekte Blasen-Kontrolle dann plötzlich kein Thema mehr.

Und was meint der Kinderarzt damit, wenn er sagt, ein Kind sei sauber?

- Das Kind kann den Harndrang so rechtzeitig melden oder von sich aus darauf reagieren, daß Vorbereitungen noch möglich sind, z.B. die Toilette aufsuchen, die Latzhose aufknöpfen

- Das saubere Kind kann aber auch bei schwach gefüllter, ebenso wie bei prall gefüllter Blase willentlich Harn lassen. Ein wesentlicher Fortschritt, denn jetzt kann es vor dem Spielen im Garten noch mal kurz zur Toilette gehen, damit es nicht gleich wieder ins Haus und aufs Klo rennen muß
- Es kann sogar schon auf Notfälle reagieren, z.B. einen nötigen Toilettengang kurzfristig hinauszögern, d. h. den Harn noch wenige Minuten einhalten, bis im Kaufhaus ein WC gefunden, der Parkplatz angefahren oder man aus dem Kindersitz am Fahrrad rausgeholt worden ist
- Es schläft normalerweise ohne Toilettengang nachts durch. Wenn es abends mal besonders viel getrunken hat, erwacht es irgendwann in der Nacht, um zu Topf oder Toilette zu gehen.

Der Umgang mit der Dringlichkeit ist für die meisten Kinder die nächste Hürde. Wie viel Zeit bleibt mir zwischen verspürtem Harndrang und noch rechtzeitiger Harnabgabe? Hilfe, der Harndrang verändert ja seine Stärke, die Dringlichkeit nimmt zu, und die noch zur Verfügung stehende Zeit nimmt ab! Diese komplizierten Zusammenhänge in den Griff zu bekommen, muß jedes Kind für sich selbst ausprobieren und erfahren.

Früh übt sich, wer ein Meister werden will

Für Ihr Kind ist das alles eine ganz neue Aufgabe, eine Herausforderung. Um die zu bewältigen, braucht es jemanden, der ihm dabei zur Seite steht. Und das sind Sie, die Eltern. Es kann durchaus sein, daß diese Übungsperiode für Sie eine recht stressige Zeit wird. Aber hier geduldig zu sein, lohnt sich.

Viele Kinder beginnen ihren Versuch damit, daß sie – mit Vorliebe im Beisein eines Elternteils – in ganz kurzen Abständen auf die Toilette gehen, da anfangs bereits das erste Anzeichen von Harndrang als Startschuß für einen Toilettengang gewertet wird. Erst allmählich werden die Abstände zwischen den Toilettenbesuchen größer.

Zu Hause ist das alles kein großes Problem. Falls Sie jedoch zufällig in dieser „Übungszeit" viel mit Ihrem Kind unterwegs sind, werden Sie Örtlichkeiten kennenlernen, die Ihnen ohne Ihr Kind wahrscheinlich für immer verborgen geblieben wären.

> *Mein Sohn* ***Nikolas*** *ging mit 2¾ Jahren – kurz nachdem er begonnen hatte, sich für das Toiletten-Know-how zu interessieren – mit uns auf eine einwöchige Reise nach Budapest.*
>
> *In jedem Laden oder Museum, jeder Kirche, jedem Restaurant oder Café, selbst in den U-Bahn-Stationen fragte er: „Haben die ein Klo? Ich muß!" Wo immer es einigermaßen ging, machten wir einen Toilettenbesuch möglich. Am Ende der Woche kannten wir fast alle Klos von Budapest – und Nikolas war sauber und trocken geworden.*

Kinder, die das so machen, und das sind viele, haben sich ein äußerst günstiges Übungsverfahren gewählt. Sie schlagen nämlich 2 Fliegen mit einer Klappe:

- Sie erfahren den Zusammenhang zwischen zunehmender Dringlichkeit des Harndrangs und abnehmender Zeit, die bleibt, um den Toilettengang zu planen. Bald wissen sie, wann sie reagieren müssen, um es noch rechtzeitig zu schaffen.
- Doch damit nicht genug: Sie nehmen wahr, wie sich eine erst wenig gefüllte, eine voller werdende und schließlich eine prall gefüllte Blase anfühlen. Das erleichtert es ihnen, jeweils richtig zu reagieren.

Ganz nebenbei ist es ihnen dann binnen weniger Tage möglich, selbst mit einer nur wenig gefüllten Blase etwas Harn lassen zu können.

Klappen jetzt noch die 2 Notfallstrategien – das kurzfristige Aufschieben eines Toilettengangs und das nächtliche Aufwachen, falls die Blase drückt – dann ist das Kind sauber. Das sind über 80% der Fünfjährigen.

Das kurzfristige Aufschieben wird automatisch im Alltag geübt, da sehr häufig ein Toilettenwunsch nicht auf der Stelle zu erfüllen ist. Wenn eine Toilette in fremder Umgebung irgendwie eklig, irritierend oder gar ängstigend wirkt, gehen Kinder nicht darauf. Der Widerwillen hilft die Blase zuzuklemmen, bis die nächste akzeptable Toilette oder eine Möglichkeit im Freien gefunden ist.

Im Gegensatz dazu kann das richtige Reagieren auf Harndrang bei Nacht nicht geübt werden. Dieser Erfolg, nämlich rechtzeitig aufzuwachen und zum Topf oder zur Toilette zu gehen, reift normalerweise ganz ohne unser Zutun mit der dem Kind eigenen Geschwindigkeit heran. Hier können Sie nur warten. Warum das bei Reifungsprozessen so ist, erfahren Sie gleich in Kapitel 3.

Um Mißverständnissen vorzubeugen und Enttäuschungen zu vermeiden, möchte ich betonen, daß beim Sauberwerden anfangs die Ab-und-zu-Erfolge viel häufiger sind als der große Durchbruch von einem Tag zum anderen. Selbst wenn die Blasen-Kontrolle schon recht gut klappt, sind **Rückfälle** etwas völlig Normales. Sie gehören offensichtlich zum Sauberwerden dazu. So wird z.B. in der Nacht vor dem Ausbruch einer Infektionskrankheit bei vielen Kindern das Bett mal wieder naß. Ist das passiert, so können Sie raten, ob es diesmal Masern, Mumps, Scharlach oder sonst was werden wird.

Auch bei Aufregungen, positiven wie negativen, wenn das Kind Angst oder einen Schrecken bekommen hat, kommt es in den Anfangsjahren der Blasen-Beherrschung schnell mal wieder zu einem unkontrollierten Harnabgang. Das Gesamtsystem ist einfach noch nicht hundertprozentig stabil, eben noch störanfällig.

Am meisten verunsichert sind Eltern immer dann, wenn bei eigentlich perfekter Blasen-Kontrolle plötzlich mitten am Tag, ganz speziell beim Spielen, **Rückfälle** passieren. Und dabei sind das die typischsten. Sie haben sogar einen Namen: das **Spieleifer-Nässen**.

Kennen Sie diese Situationen?

Vom Balkon aus sehe ich, wie ***Alina*** *die Beine zusammenklemmt, sich an den Schritt faßt, dann aber weiterspielt. Zwischendurch hockt sie sich im Sandkasten auf die Fersen, um ja nicht zur Toilette gehen zu müssen, sondern weiter mit den anderen bauen zu können. Es geht dann auch noch einige Minuten gut, aber plötzlich ist es dann passiert. Am Anfang ging noch alles in die Hose und lief ihr die Beine runter. Jetzt stoppt sie es wenigstens nach den ersten Tropfen, rennt ins Haus und macht den Rest ins Klo. Aber die Hose ist dennoch naß.*

Eigentlich ist ***Michael*** *auch tagsüber schon trocken. Nur wenn andere Kinder zum Spielen zu uns kommen, wenn es wild hergeht und er voll dabei ist, dann kann unser Michael nicht mehr an die Toilette denken. Alles, was er im Grunde schon kann, scheint vergessen zu sein. Wenn es dann passiert, ist er meist überraschter als ich. Und Schimpfen nützt nichts. Jetzt haben wir eine Vereinbarung getroffen: Bevor Kinder zu uns kommen oder Michael zum Spielen irgendwo hingeht, muß er jedesmal vorher zur Toilette, dann passiert nichts.*

Das **Spieleifer-Nässen** kennen Sie sicher schon. Und ich verspreche Ihnen, Sie werden noch mindestens zwei- oder dreimal damit konfrontiert werden. Denn so geht es fast allen Eltern. Das Spieleifer-Nässen ist keine Funktionsstörung, keine Krankheit. Es ist ein mal länger, mal kürzer dauerndes Stadium vor der voll ausgereiften, kontrollierten Blasenentleerung. Ihr Kind muß ganz einfach noch lernen, daß auch in den tollsten Spielsituationen die Blasen-Entleerungs-Gesetze gelten.

Daß also Trippeln und Zusammenpressen der Schenkel – auch wenn das Spielen gerade noch so wunderbar ist – nur kurzfristig erfolgreich sind, um den steigenden **Harndrang** zu unterdrücken und den immer dringender werdenden Toilettengang hinauszuschieben. Irgendwann werden die Hinhalteversuche zwecklos, die Flüssigkeitsmenge in der Blase zu groß ... es ist passiert!

Man muß erst mehrmals erlebt haben, daß nicht die ganze Spielgruppe auseinandergerannt ist, wenn man wenige Minuten später von der Toilette zurückkommt, daß man immer noch mitspielen darf, und daß es „danach" mindestens genauso viel Spaß macht wie „zuvor". Und – etwas für coole Rechner – daß es letztendlich mehr Spielzeit kostet, neu eingekleidet zu werden, wenn die Hose naß ist.

Hierzu braucht man dringend Eltern, größere Geschwister oder Erzieherinnen, die einen daran erinnern, daß man ganz offensichtlich zur Toilette muß. Wenn Ihr Kind auf so einen Hinweis nicht reagiert, sondern einfach weiterspielt, „schnappen" Sie es mit sanfter Gewalt, bringen es zur Toilette und helfen ihm, daß alles ganz schnell geht. So erlebt Ihr Kind, daß es tatsächlich – und wider Erwarten – möglich ist, die Blase weiterhin zu kontrollieren und trotzdem schön spielen zu können. Hat Ihr Kind das begriffen und selbst erlebt, dann ist es sauber geworden, selbst unter höchster Anspannung. Die Blasen-Kontrolle klappt.

Kapitel 2: Das Wichtigste in Kürze

- Die „Meldung im Nachhinein“, „Mama, Pipi gemacht“ ist keine Panne, sondern der erste Schritt zum Erfolg.
- Wenn Sie bei Ihrem Kind Zeichen von Harndrang sehen, machen Sie es darauf aufmerksam. Denn Harndrang spüren bedeutet, daß die Blase sich bald entleeren will.
- Wie lange man bei Harndrang noch warten kann, bevor man zur Toilette muß, darin muß man Erfahrungen sammeln, besonders beim Spielen.
- Jeder Entwicklungsschritt muß positiv begleitet werden – nicht beschleunigt, sondern bestärkt.

3

Der Schritt von der Sauberkeits-Entwicklung zur Sauberkeits-Erziehung: Wann und wie?

In diesem Kapitel erfahren Sie, ...

- worin sich Entwicklung und Erziehung grundsätzlich unterscheiden
- wie sich die Blasen-Kontrolle aus Reifungs-Schritten und Lern-Leistungen zusammensetzt
- daß früher zwar alles anders, aber nicht unbedingt besser war
- welche Revolution in der Sauberkeits-Erziehung stattgefunden hat
- ab wann Sauberkeits-Erziehung überhaupt erst Sinn macht

Warum sage ich Ihnen das?

Ich kenne zu viele große und kleine Leute, die unter der Sauberkeits-Erziehung leiden oder gelitten haben, als daß ich dieses heikle Thema unangesprochen lassen könnte. Braucht die Sauberkeits-Erziehung länger als erwartet, leiden übrigens die Erziehenden kaum weniger als die zu Erziehenden. Beide stehen unter einem gewaltigen Erfolgsdruck.

Was ist denn eigentlich „Sauberkeits-Erziehung"?

Würden Sie die Hilfestellungen, die ich Ihnen in den beiden ersten Kapiteln als Ihren Part zugewiesen habe, bereits zur Sauberkeits-Erziehung rechnen?

- Interesse an den kindlichen Äußerungen zum Thema zeigen?
- Mit Verständnis auf die schrittweise stattfindende Entwicklung reagieren?
- Die beginnende Aufmerksamkeit des Kindes für „Toilettenthemen" fördern?
- Auf kindliche Harndrang-Signale mit Topfangeboten reagieren?

Nein? Warum nicht?

Welche Maßnahmen gehören Ihrer Meinung nach dann auf jeden Fall zu einer erfolgreichen Sauberkeits-Erziehung ?

1) Regelmäßiges Auf-den-Topf- oder Auf-die-Toilette-Setzen, bis etwas kommt	Ja ❑ Nein ❑
2) Nächtliches **Wecken**, um das Kind auf Töpfchen oder Toilette zu setzen?	Ja ❑ Nein ❑
3) Kontrolle der **Trinkmenge** am Abend?	Ja ❑ Nein ❑
4) **Bestrafung** für nasse Hose, für nasses Bett	Ja ❑ Nein ❑
5) **Belohnung** für trockene Hose, trockenes Bett?	Ja ❑ Nein ❑

Die Auflösung zu diesen Quizfragen finden Sie auf der letzten Seite dieses Kapitels.

HALT, wollen Sie tatsächlich gleich nachsehen? Oder gehen Sie mit mir die ganze Wegstrecke durch das spannende Abenteuer „Sauberkeits-Erziehung"? Ich verspreche Ihnen, ich werde Sie zum Staunen, Zweifeln, mitunter zum Nicken, garantiert zum Protestieren – und hoffentlich auch zum Nachdenken bringen.

Die Beispielkinder im 1. und 2. Kapitel sind im Laufe der Zeit allein dadurch sauber geworden, daß ihre jeweiligen Erfolgsschritte behutsam begleitet wurden. Wären sie mit einer „richtigen" Sauberkeits-Erziehung vielleicht schneller trocken geworden? Hätte sich vielleicht kein Spieleifer-Nässen gezeigt? Hätten sich weniger Rückfälle ereignet?

Nein. Mit Sicherheit nicht. Diese für viele Eltern unerwartete Antwort muß ich erklären. Machen Sie dazu mit mir einen kleinen Ausflug in die Wissenschaft.

Die Wissenschaft hat festgestellt:

- Das Erreichen der Blasen-Kontrolle ist zuerst ein **Reifungsphänomen**.
- Was bedeutet **Reifung** im Zusammenhang mit den Entwicklungsschritten unseres Körpers? Das heißt, daß sowohl der Ablauf als auch die Geschwindigkeit dieser Entwicklungsschritte als festes Programm in jedem Kind angelegt sind und von seinem Gehirn aus gesteuert werden.
- Bei einem Reifungsprozeß können weder die Reihenfolge der dazugehörigen Entwicklungsschritte noch die Zeit, die die einzelnen Schritte zu ihrer Entfaltung brauchen, durch Lernangebote „von außen" beeinflußt oder gar verändert werden.
- Für das große Ziel „**Blasen-Kontrolle**" reift im Gehirn zuerst die Schaltung heran, die für das Harndrang-Empfinden bei voller Blase zuständig ist. Es folgt die Wahrnehmung der sich langsam füllenden Blase. Und schließlich folgt die Fertigkeit, selbst bei

nur geringer Blasenfüllung – auf Wunsch oder wenn nötig – Harn lassen zu können.

- Erst wenn der jeweilige Reifungsprozess abgeschlossen ist, können Feinheiten der Blasen-Kontrolle dazugelernt werden. Erst jetzt sollte Erziehung zum Einsatz kommen, weil sie erst jetzt erfolgreich sein kann.
- Die Entwicklung der Blasen-Kontrolle ist übrigens nicht der einzige Reifungsprozeß im Körper. Beim Laufen ist das genauso: Man „lernt" nämlich nicht zu laufen, dieser Ausdruck ist irreführend. Man kann es einfach irgendwann. Auch hierbei handelt es sich um einen Reifungsvorgang, einen allein vom Gehirn gesteuerten Entwicklungsprozeß. Alles, was zum Laufen gehört – die Bewegungsabfolge, die Koordination der Einzelbewegungen und das dazugehörige Gleichgewichtsgefühl – entwickelt sich im Innern des Kindes ohne jede Übung. Steht dieses Grundprogramm der Fortbewegung, können nun Spezialitäten gelernt werden – z.B. das Laufen auf unterschiedlichen Oberflächen oder das Rennen, Springen, Hüpfen.

Der Weg zur perfekten Blasen-Kontrolle setzt sich zusammen aus Reifungs-Schritten (hier können Sie nichts beschleunigen) und Lern-Leistungen (hier können Sie dazu beitragen). Für die Reifungsanteile des Geschehens braucht jedes Kind seine individuelle Entwicklungszeit – und zwar möglichst ungestört. Für die nachgeordneten Lernschritte braucht es die liebevolle, konsequente Unterstützung der Eltern.

Dieses durch viele Untersuchungen festgestellte und in der Fachliteratur häufig beschriebene Phänomen wird von Eltern in der Regel mit zweifelndem Staunen aufgenommen.

Hierzu ein paar **Original-Eltern-Kommentare** aus meiner Beratung:

„Was, die ganze Sauberkeits-Erziehung soll nichts nützen? Aber das hat man bei uns doch schon seit Menschengedenken so gemacht. Das kann doch nicht alles umsonst sein!“

*„Das glaub' ich Ihnen nicht, unser **Leo** hat noch nie etwas gekonnt, was wir ihm nicht vorher mühsam beigebracht haben.“*

„Ich kann doch nicht drei Jahre lang daneben stehen, nichts machen und zugucken, wie sie in die Hose pieselt.“

„Wenn ich unseren Hunden beibringen muß, nicht überall hinzumachen, dann muß ich das den Kindern, bei denen die Natur nicht mehr so nah ist, doch erst recht beibringen.“

Erst wenn die Voraussetzungen der „nervösen Verschaltung“ im Gehirn für eine kontrollierte Harnabgabe ungestört ausgereift sind, erst dann kommen die Eltern mit zum Zuge. Wenn das Kind Anzeichen von Harndrang zeigt, wenn es Interesse an seinen Ausscheidungen bekundet (und an denen anderer Leute), dann kann die **Sauberkeits-Erziehung** beginnen.

Und was lernt das Kind dabei? Es lernt den zeitlichen und örtlichen Umgang mit dem Harnlassen – wie amerikanische Wissenschaftler so schön sagen. Einfacher ausgedrückt:

Ihr Kind lernt, ...
- wann man zur Toilette geht
- wieviel Zeit man vorab einkalkulieren muß, damit es noch rechtzeitig klappt
- wo und wie man den passenden Ort findet – und was man dort machen muß.

Und bei wem lernt Ihr Kind das alles? Bei Ihnen, den Eltern – seinen wichtigsten Vorbildern.

Jetzt können Sie mit Ihrer **Sauberkeits-Erziehung** beginnen.

Denn jetzt – nachdem das Gehirn die nötigen Schaltungen aufgebaut hat – ist Ihr Kind in der Lage, durch Nachahmen zu lernen.

Sie, die Eltern, sind das beste Lernmodell, das Ihrem Kind zur Verfügung steht. Spätestens ab dem zweiten Geburtstag merken Sie, daß Ihr Kind mit größter Begeisterung alles nachahmt. Diese Begeisterung kommt auch den pädagogischen Bemühungen in Richtung Sauberkeit zugute.

Ihr Kind lernt durch Nachahmung von Ihnen, den älteren Geschwistern und natürlich auch von den Spielkameraden alles Wichtige über die in jeder Familie oder Kultur üblichen Toilettengewohnheiten. Es lernt, wann man zur Toilette geht – nicht nur, wenn's bereits eilt, sondern auch „im Voraus". Vorbeugende Toilettengänge – noch ohne Harndranggefühl – z.B. vor dem Mittagsschlaf, vor dem abendlichen Zubettgehen, vor dem Kindergarten, vor Ausgeh-Aktivitäten sind günstig, um unnötige Störungen zu vermeiden.

Ihr Kind lernt, daß es mal mehr, mal weniger eilig ist:

*„**Jessica**, mach' bitte ganz schnell die Puppenwäscheleine von der Klinke der Klotür ab. Ich muß dringend und habe doch die Hose mit der blöden Gürtelschnalle an, die immer klemmt."*

Ihr Kind lernt mit dem Dranggefühl umzugehen. Es lernt dessen anwachsende „Dringlichkeit" kennen, ebenso eine realistische Zeiteinschätzung der noch anstehenden Vorkehrungen. Durch Papas oder Mamas Kommentar lernt es, daß das Zusammenpressen der Oberschenkel, das Trippeln und Tänzeln auf der Stelle nur ganz kurz einen Toilettengang hinausschieben, ihn aber nie ersetzen können.

Indem man Mama oder Papa begleitet, kann man üben, wie man in einer Gaststätte, einer fremden Wohnung, in der Bibliothek, im Kindergarten oder sonstwo ein Klo findet, oder wie man danach fragen kann.

Und wenn man zuschauen darf und alles erklärt bekommt, hat man die besten Chancen, auf der Toilette alles richtig zu machen.

Das ist Sauberkeits-Erziehung heute. Nicht, weil das alles so modern ist, sondern weil sie nur so wirklich einen Zweck hat. Denn die Frage ist doch:

Welche Rolle spielt Erziehung beim Sauberwerden?

Die Sauberkeits-Erziehung spielt anfangs, in den ersten beiden Lebensjahren, eine höchst unbedeutende Rolle – vorausgesetzt, sie läuft liebevoll und geduldig ab. Unter diesen Bedingungen nützt sie zwar nichts, schadet aber auch nicht.

Mit großer Sicherheit kann sie jedoch eine langfristig ausgesprochen negative Rolle spielen, wenn sie bereits in den ersten beiden Lebensjahren bestrafend und überfordernd war.

Dazu bin ich Ihnen Fakten schuldig. Alle folgenden Daten stammen aus internationalen Studien, die seit den 60er Jahren bis heute immer wieder gemacht werden und immer wieder die gleichen Ergebnisse bringen.

Die Wissenschaft hat festgestellt:

- Kinder **mit Sauberkeits-Erziehung** werden durchschnittlich **mit 30 Monaten trocken**. Hier ist eine gemäßigte Sauberkeits-Erziehung gemeint – in Form von regelmäßigen Topfangeboten, Aufforderungen zum Toilettengang und ab und zu nächtlichem Wecken mit Harnabgabe, **bevor** die Anzeichen von Harndrang da sind oder die Kinder Interesse an ihren Ausscheidungen zeigen. Tagsüber werden solche Kinder übrigens etwas früher, nämlich durchschnittlich mit 28 Monaten, nachts durchschnittlich mit 33 Monaten trocken.
- Kinder **ohne Sauberkeits-Erziehung**, bevor sie Anzeichen von Harndrang oder Interesse an ihren Ausscheidungen zeigen, werden durchschnittlich **mit 30 Monaten trocken** – und zwar tagsüber durchschnittlich mit 28 Monaten, nachts durchschnittlich mit 33 Monaten. Kommt Ihnen das Ergebnis bekannt vor?

- Und jetzt noch etwas zum Nachdenken: Auffallend ist, daß gerade unter den Kindern, die wegen massiver Einnäßprobleme dem Kinderarzt vorgestellt werden, überdurchschnittlich viele sind, mit denen besonders früh eine Sauberkeits-Erziehung begonnen wurde.
- Viele Wissenschaftler vermuten heute, daß ein extrem früher Start der Sauberkeits-Erziehung mit überfordernden und bestrafenden Maßnahmen **ein** gewichtiger Grund für späteres Einnässen ist. Der frühe Start ist zwar unangebracht, aber als solcher allein sicher noch kein Grund für späteres Einnässen. Er kann jedoch ein Zeichen für einen besonderen Erziehungsstil sein. Das ungeduldige, oft fordernde Eingreifen in das kindliche Entwicklungsgeschehen ist zumeist mit unglücklichen Methoden verbunden. Eltern und Kind müssen sich in diesem Anforderungsgeflecht dauernd gegenseitig enttäuschen, was ihre Beziehung belastet.

Diese Ergebnisse zeigen deutlich: Noch so gut gemeinte und sorgfältig ausgeführte Erziehungsmaßnahmen haben keinen Einfluß auf die Geschwindigkeit beim Erreichen der Blasen-Kontrolle. Sie wissen warum: weil es sich um einen Reifungsvorgang handelt. **Sauberkeits-Erziehung bringt nur dann etwas, wenn das Kind seine Blase bereits kontrollieren kann**.

Diese Ergebnisse bedeuten eine Revolution.

Es gibt viele Eltern, die ohne Sauberkeits-Erziehung stetige Fortschritte bei ihren Kindern sehen. Einige Anregungen, bei eindeutig drückender Blase doch die Toilette aufzusuchen, ansonsten die Kinder die elterlichen Toiletten-Gewohnheiten beobachten lassen – und schon sind die Kinder perfekt trocken. Wenn Sie zu diesen Eltern gehören, fühlen Sie sich jetzt sicher bestätigt und lehnen sich zufrieden zurück.

Oder gehören Sie zu den Eltern, die fürchten, daß ihre Kinder einfach zu lange für den Schritt zur Blasen-Kontrolle brauchen? Daß sie womöglich etwas versäumen, was nicht mehr aufzuholen ist, wenn sie nicht ganz schnell und konsequent erzieherisch eingreifen? Eine durchaus verständliche Reaktion, auf die wir in Kapitel 4 ausführlich zu sprechen kommen werden.

Das neue Wissen um das Sauberwerden ist erfreulicherweise nicht nur in wissenschaftlichen Veröffentlichungen zu finden, sondern auch bereits in den Köpfen vieler Eltern, die diese Erkenntnisse in die Tat umsetzen und sich entsprechend verhalten.

Die Kinderärzte haben festgestellt:
In den letzten 20 bis 30 Jahren hat sich die elterliche Sauberkeits-Erziehung entschärft. Zum Glück tut sich hier etwas. An folgenden Punkten merken sie das vor allem:

- Immer weniger Eltern erwarten eine perfekte Blasen-Kontrolle bereits zwischen dem 1. und 2. Lebensjahr
- Immer mehr Eltern haben dieses Erziehungsziel um mindestens 12 Monate verschoben
- Auch die Erziehungsmethoden haben sich geändert: Stundenlange „Topfsitzungen", womöglich noch angebunden, und abendliche Trinkverbote für Kleinstkinder kommen viel seltener vor als früher
- Viele Eltern sprechen heute vom „Anbieten" eines Töpfchens oder vom „Erinnern" an einen Toilettengang statt von strengen Toiletten-Schick-Gewohnheiten, allein an der Uhr orientiert
- Eine strenge Schulung mit eher theoretischen Instruktionen wurde als weitgehend unwirksam erkannt
- Dem **Lernen durch Nachahmung** messen immer mehr Eltern Bedeutung bei. Sie plädieren für ein ungezwungenes Miterleben der alltäglichen elterlichen Toiletten-Selbstverständlichkeiten

„Was erleichtert den Eltern von heute den Wechsel zu den neuen Vorstellungen über Sauberkeits-Erziehung?" – Das habe ich viele Eltern mit Kleinkindern gefragt, und man hat mir 5 wesentliche Punkte genannt.

Punkt 1:

Ist das erste Kind auf diesem Wege trocken geworden, so hat das die höchste und nachhaltigste Überzeugungskraft.

„Warum sollte ich beim 2. und 3. Kind irgendwas anders machen, wenn es beim ersten so toll geklappt hat? Ganz ohne Horror auf beiden Seiten, ohne kaputte Nerven bei uns und ohne Tränen bei ***Melissa****. Zuerst hat natürlich die ganze Familie gesagt: Das kann ja nicht klappen, ihr laßt das Mädchen bei einer zu schweren Aufgabe allein. Als Melissa aber dann trocken war – übrigens schneller als manch ein Topfhocker – war die 'Nicht-Erziehung' plötzlich schon immer die Idee der ganzen Familie gewesen. Und jetzt macht es der gesamte Freundeskreis nach, da unsere zweite Tochter auch schon fast trocken ist."*

Punkt 2:

Der Rückgang aufwendiger Stoffwickelmethoden, die viel Zeit für Waschen, Trocknen und Zusammenlegen in Anspruch nehmen, wird sehr häufig als wichtige Ursache für den Einstellungswandel genannt. Ohne Zweifel erleichtern die neuen Wickelmöglichkeiten den Eltern die Arbeit.

„Ich denke oft, wir haben es heute viel, viel besser. Meine Mutter hat mir oft erzählt, daß sie für uns 3 Kinder im Pinkelalter die Windeln kaum trocken bekommen hat, besonders im Winter. Gar nicht so selten haben meine Eltern den Satz Windeln, der am nächsten Morgen nötig war, zum Trocknen mit ins Bett genommen. Da hat jeder Tag gezählt, an dem ein Kind früher trocken war."

Punkt 3:

Für viele Eltern, mit denen ich gesprochen habe, trifft noch ein anderer Grund für diesen Einstellungswandel zu: Die Prioritäten der Erziehungsziele haben sich verschoben. Da Kleinkinder immer mehr und immer früher ins außerfamiliäre soziale Leben einbezogen werden, sind auch die sozialen Anforderungen an sie gestiegen. Säuglinge im Restaurant, Kleinkinder als gern gesehener Gast bei Abendeinladungen mit Einschlafrecht im Gastgeber-Bett oder sogar stundenweise am Arbeitsplatz von Mutter oder Vater sind keine Ausnahmefälle mehr. Eltern messen heute den Entwicklungen ihrer Kinder im Sozialbereich mehr Bedeutung bei als frühen Erfolgen bei der Blasen- und Darm-Kontrolle.

Besondere Fähigkeiten im Sozialverhalten, wie Aufgeschlossenheit, Anpassungsfähigkeit, Ausgeglichenheit und selbständiges Sich-allein-Beschäftigen-Können, werden eher beachtet und durch Belohnungen gefördert als gewisse Regelmäßigkeiten bei der Harn- und Kotabgabe.

Und in diesem Bereich zeigt eine Förderung auch wirklich schnell Erfolge. Auf der Basis einer sicheren Bindung an seine vertrauten Bezugspersonen kann das Kind den genußvollen Umgang mit anderen Mitmenschen erlernen. Im Beisein der engsten Vertrauten kann es abenteuerbereit mit anderen Menschen Kontakt aufnehmen und vielseitige Erfahrungen machen.

Auf diesem Weg ist das Erziehungsziel „Sauberkeit" nach hinten gerutscht – vom ersten auf den zweiten, wenn nicht sogar auf einen noch unwichtigeren Rang. Und das tut allen Beteiligten gut.

Für die Eltern steht das so schlecht beeinflußbare Phänomen nicht mehr so stark im Vordergrund. Das bedeutet weniger Anlaß für persönliche Kränkung bei erzieherischem Mißerfolg.

Für das Kind ist in dieser Entwicklungsphase mehr Ruhe eingekehrt. Das ist ein ganz wichtiges Ergebnis für eine ungestörte Ausreifung der neurologischen Voraussetzungen für eine bewußte Einflußnahme auf Harnverhalt und Harnabgabe.

*„Was interessiert unseren Freundeskreis, ob **Babette** eine Windel an hat oder nicht? Wichtig ist, daß sie gern überall mit hingeht, sich dort auch wohlfühlt und schon was von der Gemeinsamkeit hat."*

Punkt 4:

Die Flut von Veröffentlichungen in Familien- und Elternzeitschriften zum Thema Sauberkeits-Erziehung trägt dazu bei, mit mehr Geduld auf Reifungsfortschritte zu warten.

„Als ich die Sache gecheckt hatte, habe ich meinem Mann alle Artikel zum Thema ausgeschnitten und abends auf den Couchtisch gelegt. Die neurologischen Voraussetzungen und physiologischen Zusammenhänge des Entwicklungsgeschehens sind dort so verständlich erklärt, daß er auch bald dafür war, ***Florian*** *in Ruhe zu lassen. Sogar seiner Mutter hat er alles erklärt. Aber die hat's nicht ganz gefressen!"*

Punkt 5, ein heikler Punkt:

Eine Orientierung an den Sauberkeitsdaten anderer Kinder aus dem Verwandten- oder Freundeskreis kann entspannend wirken, aber auch grandios schiefgehen. Sind Erfolge bekannt, die auch etwas auf sich warten ließen, verläßt einen selbst der Mut auch nicht so schnell. Sind gleichaltrige oder sogar etwas ältere Kinder auch noch nicht trocken, sehen Eltern die Sache auch recht entspannt. Ist das eigene Kind aber das einzige noch „nasse" im Bekanntenkreis, fällt es recht schwer, an der Propagierung gelockerter Erziehungsvorstellungen festzuhalten.

Ich warne immer vor einer nicht zu unterschätzenden Wettbewerbs-Situation zwischen Müttern. Denn die Folgen bleiben leider nicht auf die beiden erwachsenen Kontrahentinnen beschränkt, sondern wirken sich schnell auch auf das Kind aus – weil Mama unter Druck steht und den Sauberkeits-Wettbewerb gewinnen will. Dieser Druck wird dann auf das Kind übertragen. Aber das Ergebnis ist – wie wir ja inzwischen wissen – gleich Null. Und das bringt Mutter und Kind dann noch mehr unter Druck.

„Als die Freundschaft mit meiner besten Freundin in die Brüche gegangen war, erfuhr ich ganz nebenbei, daß sie mich bereits über ein

Jahr lang hinter's Licht geführt hatte. Sie hatte mir am vorletzten Muttertag erzählt, ihr schönstes Geschenk sei das trockene Bett ihres ***Martins*** *gewesen. Unser* ***Tobias*** *ist ja fast gleich alt. Es hat mich schwer unter Druck gebracht, daß er sogar ein Jahr später immer noch nicht trocken war. Jetzt weiß ich, daß Martin bis heute auch nicht trocken ist. Drei- bis viermal die Woche ist das Bett noch naß, aber das hat meine liebe Freundin nie erzählt!"*

Nachdem wir jetzt schon auf den Freundeskreis und die Verwandtschaft zu sprechen gekommen sind, vielleicht doch noch einige Worte zu „guten Ratschlägen".

Kennen Sie diese Situation?

Gerade über die Fragen, wann ein Kind wie weit entwickelt sein sollte, was es sich angeeignet, was sich abgewöhnt haben sollte, fühlt sich fast jeder berufen mitzudiskutieren. Die Basis dafür bildet Gehörtes, Gelesenes oder selbst Beobachtetes – wenn nicht sogar allein die Tatsache, selbst einmal Kind gewesen und erzogen worden zu sein. „Uns hat es auch nicht geschadet, daß wir ... oder daß wir nicht ...." (Wer weiß?)

„Also, ich muß schon sagen, daß ich recht stolz darauf bin, daß alle meine 4 Kinder, die Jungen wie die Mädchen, am 1. Geburtstag keine Windel mehr anhatten. Natürlich fiel mir der Erfolg nicht in den Schoß. Dafür mußte ich schon etwas tun: Regelmäßig auf den Topf. Keine Ausnahmen, die die Zeiten durcheinander gebracht hätten. Konsequenz, immer dasselbe zu essen. Abends immer nur ein Glas zu trinken. Immer die gleichen Schlafenszeiten. Das waren die Wurzeln für diesen Erfolg. Daß meine Enkelkinder mit 2 noch nicht trocken sind, wundert mich am wenigsten." (Tagebuchauszug einer Großmutter, die dieses Blatt zu Weihnachten ihrer Schwiegertochter überreichte)

Bitte, glauben Sie mir, ich will keinen Familienkrach heraufbeschwören. Ich will nur erklären, warum es über diese Frage so oft zu Auseinandersetzungen in der Familie kommen kann. Daß die Vorstellungen über die **Sauberkeits-Erziehung** früher ganz andere waren, wissen Sie. Warum wir diese Erziehungsvorstellungen heute nicht mehr haben, wissen Sie inzwischen auch. Doch spannend bleibt die Frage, was dann an all den vielen Wunderkindern dran ist, die dank konsequenter Sauberkeits-Erziehung unserer Großeltern, Schwiegermütter und Mütter mit 1 Jahr trocken geworden sind? Sie sind mit Vorsicht zu genießen – nicht die Kinder, aber die Aussagen.

1) Auch unter den heutigen Kindern sind einige ganz wenige, „Blasen-Entwicklungs-ICE's“, die tatsächlich – mit oder ohne Sauberkeits-Erziehung – mit etwa 1 Jahr ihre Blase kontrolliert entleeren können.

2) Die Erinnerung verklärt die Zahl der Rückfälle bei solchen Erfolgen. Erzählt wird derartiges auch meist über die Kinder, die auch sonst nie Schwierigkeiten gemacht haben:

   „Unser ***Oskar*** *hat immer alles gegessen, nie nachts Theater gemacht, nie Sonnenbrand bekommen und – ich könnte mich nicht entsinnen – jemals gespuckt.“*

   (Ich bin sicher, Oskar hatte selbst bei Windpocken keine roten Punkte).

3) Zwischen „trocken“ und „perfekter Blasen-Kontrolle“ können Welten liegen. Sie wissen, daß zu einer perfekten Blasen-Kontrolle mehr gehört, als einfach nur trocken zu sein. Ein Kind kann von außen betrachtet „trocken wirken“, wenn es am Tag etwa jede Stunde auf den Topf gesetzt wird und dort verbleibt, bis sich ein Erfolg eingestellt hat. Und nachts, wenn die Harnproduktion sowieso durch Hormone abgesenkt ist, auch noch mehrmals geweckt und getopft wird. Dann wird kaum „Substanz“ vorhanden und „Lücke“ im Zeitplan sein, um noch etwas Harn für die Hose oder das

Bett übrig zu haben. Dieser Dressur-Akt hat aber mit perfekter Blasen-Kontrolle nichts zu tun. Sein „Erfolg“ ist eher Zeichen einer strengen Erziehungshaltung der Eltern als einer frühen Entwicklungsleistung des Kindes. Bei Ausfall der Eltern versagt die kindliche Kontrolle über die Blase schlagartig und wird wieder altersgemäß.

Sicher, früher war einiges anders – aber ob es tatsächlich immer besser war, das müssen wir von Fall zu Fall klären.

Ich habe es nicht vergessen: Hier sind die Antworten auf Ihre 5 Quizfragen. Übrigens werden Sie viele dieser Maßnahmen beim Thema „Familiäre Behandlung einnässender Kinder“ wiedertreffen und dort nochmal ausführlich etwas über ihre Wirkung erfahren. (Kapitel 7).

- **Antwort 1:**
  Regelmäßiges Auf-den-Topf- oder Auf-die-Toilette-setzen, bis etwas kommt?

Ungünstige Maßnahme, da ein Kind sich, sobald es Harndrang spürt, allein nach diesem richten sollte. Anfangs kann ein Kind nur bei voller Blase Harn lassen. Es ist ein gewaltiges Stück Weiterentwicklung, auch bei einer nur leicht gefüllten Blase Pipi machen zu können. Nach der Uhr orientierte Toilettengänge können jeweils noch „zu früh“ oder bereits „ zu spät“ sein.

- **Antworten 2 und 3:**
  Nächtliches Wecken mit Aufs-Töpfchen-setzen und die Kontrolle der Trinkmenge am Abend?

Beide Maßnahmen können gemeinsam besprochen werden, da sie sich beide aus den gleichen Gründen als ungeeignet erwiesen haben. Sowohl das nächtliche **Wecken** als auch eine reduzierte **Trinkmenge** sollen ja bewirken, daß die Blase nachts nicht so voll ist. Doch der letzte Reifungsschritt vor der perfekten Blasen-Kontrolle bewirkt, daß ein Kind nachts durchschlafen kann, bei einer zu vollen Blase jedoch aufwacht, zum Topf oder Klo geht, Harn läßt und dann wieder einschläft. Dieser Kombinationserfolg wird durch Eingriffe in den Schlaf-Wachrhythmus beim Wecken und durch die vorenthaltene Erfahrung einer normalerweise wechselnden Blasenfüllung – mal viel, mal wenig, mal ganz viel – gestört. Und denken Sie an die höchst unangenehme Vorstellung, abends noch durstig zu sein und nichts mehr trinken zu dürfen.

- **Antworten 4 und 5:**
  Bestrafung für nasse Hose, für nasses Bett?
  Belohnung für trockene Hose, für trockenes Bett?

Beide Maßnahmen sind bei der Sauberkeits-Erziehung fehl am Platz. Warum? Der Zweck einer Bestrafung oder einer Belohnung liegt darin, daß man sein künftiges Verhalten danach ausrichtet. Etwas, wofür man bestraft worden ist, sollte man unterlassen – während man das, was belohnt wurde, beibehalten und wiederholen sollte. Aber ein Kind kann weder das eine noch das andere tun, bevor seine Reifungsvorgänge im Körper abgeschlossen sind. Zum Beispiel kann es das, wofür es belohnt wurde – nämlich zufällig ins Töpfchen gepinkelt zu haben – nicht Stunden später oder in den nächsten Tagen bewußt wiederholen. Denn das Verhalten steht noch nicht unter seiner Kontrolle, unterliegt noch nicht seinem Willen. Selbst wenn das Kind es wollte, kann es Falsches noch nicht lassen und Richtiges noch nicht gezielt tun.

Kapitel 3: Das Wichtigste in Kürze

- Sauberkeits-Erziehung bringt nur dann etwas, wenn das Kind seine Blase bereits kontrollieren kann.
- **Erst, wenn die für die Blasen-Kontrolle nötigen Voraussetzungen gereift sind:**
  - Harndrang empfinden
  - merken, wie die Blase sich langsam füllt
  - eine Harnabgabe hinauszögern
  - sogar bei geringer Blasenfüllung Harn lassen,

  erst dann können die Feinheiten der Blasen-Beherrschung dazugelernt werden.
- Erst jetzt – und vorher nicht – sollte eine Sauberkeits-Erziehung starten, damit sie erfolgreich ist und nicht schadet.
- Jetzt lernt Ihr Kind,
  - wann man zur Toilette geht,
  - was „rechtzeitig“ heißt,
  - wo und wie man das Örtchen findet – und was man dort machen muß.

4

Was tun, wenn etwas ganz Normales plötzlich zum Problem wird?

In diesem Kapitel erfahren Sie, ...

- wie kurz der Weg vom „süßen Strullerle“ zum „hoffnungslosen Versager“ sein kann
- warum Einnässen als viel schlimmer empfunden wird als andere Entwicklungs-Auffälligkeiten im gleichen Alter
- wie sehr Kind **und** Mutter vom Einnässen betroffen sind – und was Sie dagegen tun können

Warum sage ich Ihnen das?

Obwohl ich bei Elterngesprächen immer noch feststelle, daß mitunter viel zu frühe und äußerst strenge Reinlichkeits-Dressuren ablaufen, hat sich doch in den letzten Jahren die Einstellung zur Sauberkeits-Erziehung quer durch die Bevölkerung verändert. Die Eltern sehen diesem Entwicklungsschritt gelassener entgegen, vertrauen weitgehend auf den Lauf der Biologie und lassen ihren Kindern mehr Zeit.

Aber irgendwann reißt auch diesen Eltern der Geduldsfaden – und zwar meist so um den 3. Geburtstag herum. Das Kind ist schon 3 Jahre alt, aber immer noch nicht trocken.

Genau hier scheint eine Grenze besonderer Art zu liegen. Zu diesem Zeitpunkt beobachte ich immer wieder, daß bei den Müttern Besorgnis aufkommt. Sie haben den Verdacht, die Blasen-Kontrolle lasse **zu** lange auf sich warten – schlimmer noch: Sie fürchten kindliches Einnässen mit seinen Konsequenzen für das Familienleben. Und was passiert? Die Mütter reagieren mit Angst, Unsicherheit macht sich breit – und ganz schnell versuchen sie dann, mit Druck all das nachzuholen, was sie glauben versäumt zu haben.

Vor diesen Panikreaktionen möchte ich Sie – und vor allem Ihr Kind – bewahren. Streß verträgt dieser Entwicklungs-Abschnitt nämlich ganz schlecht. Sie sehen schon: Jetzt stehen die Mütter schon fast genauso stark im Rampenlicht wie ihre Kinder.

Kennen Sie diese Situation?

In den ersten Lebensmonaten erwartet niemand, daß ein Säugling seine Blase oder seinen Darm kontrollieren kann. Alles geht in die Windel, tags wie nachts. Und das ist auch richtig so, niemand nimmt Anstoß daran. Das Wickeln mehrmals am Tag und in der Nacht gehört ganz selbstverständlich zur Versorgung eines Babys. Diese Pflegezeiten werden sogar von allen genossen – vom Kind, von den Geschwistern und auch von den Eltern.

Denn mit einem nackten Baby läßt es sich besonders angenehm schmusen. Auf dem Wickeltisch wird liebevoll geplaudert, gestreichelt und gespielt. Babymassage, einölen, auf den Bauch pusten – all das gehört dazu. Und wenn das Baby, endlich von der Windel befreit, glücklich jauchzt und begeistert strampelt, gerade dann kann es passieren, daß es in hohem (bei Jungen) oder flacherem Bogen (bei Mädchen) über die Wickelkommode auf Papas Hemd oder Mamas Pulli pinkelt. Nach einem kurzen Schreckmoment müssen alle lachen und kitzeln den vor Freude quietschenden „Missetäter" zärtlich am Bauch oder am Po. Wie bereits gesagt: Das unkontrollierte Nässen am falschen Ort zur falschen Zeit ist anfangs für niemanden ein Problem.

Wie das Einnässen oft zum Problem gemacht wird

Erinnern Sie sich noch, wie das war, als Ihr Sohn oder Ihre Tochter noch ein kleines Baby war? Alle Familien erleben in dieser Zeit Vergleichbares. Ich möchte es Ihnen kurz skizzieren, damit Sie besser zurückdenken können.

Kaum ist ein Kind geboren, beginnt die interessierte Anteilnahme der Verwandten, Freunde, Bekannten und Nachbarn an seiner weiteren Entwicklung. Man interessiert sich übrigens auch für die Weiterentwicklung von Vater und Mutter – genauer ausgedrückt: Man ist gespannt, ob und wie diese zwei ihre neue Aufgabe als Eltern bewältigen werden.

Von den Entwicklungs-Fortschritten ihres Kindes sind alle Eltern begeistert. Und sie nehmen es ihren Mitmenschen nur zu gern ab, sich nach dem Nachwuchs zu erkundigen. Stolz, wie sie sind, halten sie alle Menschen in ihrer Umgebung von sich aus täglich detailliert auf dem aktuellen Stand der Entwicklung. Und solange alles gut verläuft, werden die Nachfragen aus der „sozialen Umgebung" auch gern entgegengenommen und nicht ohne Stolz beantwortet. Eltern verstehen das öffentliche Interesse an Durchschlaf-, Eß- und Bewegungserfolgen und geben bereitwillig Auskunft – solange sich die „Leistungen“ des Kindes im „Rahmen des Normalen“ bewegen (Sie erinnern sich an Kapitel 1?) .

Aber es ist immer wieder dasselbe: Genau die lieben Mitmenschen, die mit den Eltern zusammen die „Erfolge feiern“, sind auch die ersten, die drohende „Mißerfolge“ sehen und warnend den Zeigefinger heben. Wenn es nicht schon über die Themen „Stilldauer“, „Zufüttern“, „Schlafgewohnheiten“, „Herumtragen“ oder „Ablegen“ zu kontroversen Diskussionen in der erweiterten Familie gekommen ist, so wird es doch spätestens das Thema **Sauberkeits-Erziehung** sein, an dem sich die Geister dann endgültig scheiden werden (siehe Kapitel 3 und 7).

Beim Füttern zum Beispiel kann man am satten Wohlbefinden des Kindes und am Zahlenstand der Waage direkt ablesen, ob man den richtigen Weg gegangen ist. Ein Zu-Bett-geh-Ritual erweist sich auch recht schnell als richtig, sobald sich eine angenehme Nachtruhe einstellt und morgens ein wohlig ausgeschlafenes Baby mit freudiger Aktivität den Tag beginnt.

Aber alle vorbereitenden Schritte zur Blasen- und Darm-Kontrolle beginnen – oder beginnen eben nicht – zu einem Zeitpunkt, der oft noch Monate, wenn nicht sogar Jahre vom bestätigenden Erfolg entfernt ist. Erst viel später wird es sich zeigen, ob man richtig gehandelt hat.

Und gerade bei der Sauberkeits-Erziehung möchten Eltern doch alles richtig machen – und gerade hier sind sie so leicht zu verunsichern: Sie möchten nichts versäumen, damit sie sich später keine Vorwürfe machen müssen. Aber sie wollen auch nichts erzwingen, weil eine Sauberkeits-Dressur unter Tränen mehr schadet als nützt, wie man überall lesen kann.

„Na ja, Dschingis-Khan hat auch zeitlebens mit den Fingern gegessen.“

„Spätestens, wenn er eine Freundin hat, wird er wohl im eigenen Bett schlafen.“

Mit solchen Sprüchen können sich Eltern trösten, deren Kinder vielleicht noch keine Tischmanieren haben oder nachts im Elternbett schlafen wollen. Aber was machen die Eltern, bei deren Kindern die Blasen-Kontrolle nicht klappt – obwohl der Zeitpunkt, den sie dafür innerlich festgelegt hatten, längst überschritten ist?

„Alle Kinder schaffen das, nur unser ***Lutz*** *nicht! Mein Gott, wenn er schon mit dem Einfachsten auf der Welt Schwierigkeiten hat, wie soll das nur weitergehen – in einer Welt, in der Leistung und Funktionieren ganz oben anstehen?" (Mutter von Lutz, der gerade 4 geworden ist).*

„Wir fanden es irgendwie immer drollig, wie ***Hans-Peter*** *mit dickem Windelpopo am Gartenzaun stand und sämtliche Automarken und Typen unterscheiden und die Namen gut aussprechen konnte. Solche Unterschiede in einem Körper. Doch plötzlich begriffen wir, daß er zwar auch noch im Kindergartenalter ein reizendes Kind ist, aber bei allem, was die Blase betrifft, ein hoffnungsloser Versager" (Vater des knapp 5 jährigen Hans-Peter).*

„Als bei ***Janina*** *das Einnässen anfing, bekam ich schlaflose Nächte, weil ich dachte.Das ist jetzt das erste, was schiefgeht. Es wird mehr kommen. Das nasse Bett und die nasse Hose sind das erste Zeichen für Janinas Unzulänglichkeiten im ganzen Leben. Vielleicht kann ich ja auch nicht gut erziehen" (Mutter von Janina, die 5 Jahre und 2 Monate alt ist).*

Ihnen wird auffallen, daß es sich hier um ganz starke Elternreaktionen handelt. Von außen betrachtet erscheinen sie völlig unangemessen, viel zu dramatisch. Denn was ist die Sachlage? Die drei Kinder können ihre Blase noch nicht kontrollieren. Sie machen das, was sie bereits jahrelang gemacht haben. Lutz ist mit seinen 4 Jahren in einem Alter, in dem der Fachmann oder die

Fachfrau überhaupt noch nicht von Einnässen sprechen würde. Bei Hans-Peter und Janina würde ich eigentlich auch erst langsam anfangen zu überlegen, wie ich beiden den Weg zur Blasen-Kontrolle erleichtern könnte.

Doch spüre ich die Ängste der Eltern und befürchte einen massiven Druck – bewußt oder unbewußt – auf die Kinder. Aus diesen Gründen würde ich auch schon in diesem Alter eine Beratung anbieten. Aber nicht zur Behandlung des Einnässens, sondern zur Beruhigung der Eltern, zur Entlastung des Kindes und zur Schonung der Blasenfunktion, die, wenn mehr geduldiges Verständnis vorhanden ist, in Ruhe ausreifen kann.

Kindliches Einnässen am Tag oder in der Nacht, in einem Alter, „in dem alle anderen Kinder ja längst trocken sind", scheint ein Problem zu sein.

Aber für wen – für das Kind oder für die Eltern? Ist das Einnässen anfangs überhaupt ein Problem für das Kind, oder wird es erst zum Problem, wenn dieser Entwicklungsrückstand von den Eltern als problematisch empfunden und nicht mehr akzeptiert wird?

Der Sauberkeits-Erziehung gegenüber fehlt uns eine lockere Einstellung. Eine gelungene Sauberkeit wird überraschend hoch eingeschätzt.

Woran könnte das liegen?

Seine Ausscheidungsorgane beherrschen zu können, gehört in unserer Vorstellung zu den fundamentalen Aufgaben des Menschen. Sogar einem Hund oder einer Katze kann man beibringen, die Wohnung sauber zu halten und, bei entsprechendem Bedürfnis, hierfür vorgesehene Plätze aufzusuchen. Nur einem ganz jungen, einem ganz alten oder einem schwer kranken Menschen gestehen wir zu, diese Aufgabe nicht zu bewältigen.

Wir haben zu unseren Ausscheidungs- und Geschlechtsorganen ein eher gespanntes Verhältnis. Wir erwarten, daß sie ihre „heiklen" Funktionen möglichst problemlos erfüllen – ohne daß wir viele Worte darüber verlieren müssen.

Der wesentlichste Punkt scheint mir aber – nach vielen Gesprächen – ein anderer zu sein:

„Ich hatte so gehofft, daß ich der ganzen Familie beweisen kann, daß ***Verena****, wenn sie in den Kindergarten kommt, rundum trocken ist – und das, obwohl ich berufstätig bin. Mit jeder nassen Nacht enttäuscht sie mich und stellt mich vor der Familie bloß. Die hat jetzt nämlich ihren Beweis, daß das Kind wegen der Karrieresucht der Mutter zu kurz kommt."*

„Sie glauben nicht, was das für ein Schlag für mich war, als ich begriff, daß ***Svenja*** *nicht – wie ihr Vetter und ihre Cousinen – problemlos in einer akzeptablen Zeit trocken wird. Und das passiert mir, die nicht arbeitet und den ganzen Tag Zeit hat, das eine Kind zu erziehen! Ich muß mir Sätze anhören wie: 'Wahrscheinlich bist du zuviel um das Kind herum und läßt es nicht groß werden!'"*

Die Stärken- und Schwächen-Liste

Wie Mütter sich auch verhalten – egal ob sie zu Hause tätig sind oder außer Haus erwerbstätig – sobald Einnässen droht, weiß jeder sofort, daß sie es waren, die etwas falsch gemacht haben. Auf die jeweilige Situation abgestimmte Begründungen sind schnell gefunden. Eine gelungene Sauberkeits-Erziehung scheint der öffentliche Beweis für den ersten erfolgreich verlaufenen Erziehungsschritt zu sein.

Probleme bei der Sauberkeits-Erziehung werden dementsprechend als Zeichen einer weniger erfolgreichen Erziehungs-Leistung eingeschätzt – wenn nicht sogar als offenkundiger Beleg für pädagogisches Versagen. Das kränkt – vor allem natürlich die Mütter. Denn in unserer Gesellschaft leisten die Frauen die meiste Erziehungsarbeit.

Und deshalb wende ich mich jetzt ganz besonders an die Mütter:

Falls Sie meinen, daß Ihre Tochter oder Ihr Sohn bei der Blasen-Kontrolle hoffnungslos versagen, weil sie sie eigentlich schon längst beherrschen müßten, falls Sie drauf und dran sind, langsam daran zu verzweifeln – dann habe ich jetzt eine ganz einfache und sehr hilfreiche Hausaufgabe für Sie.

Machen Sie sich eine Tasse Kaffee oder Tee, nehmen Sie einen Stift, ein Blatt Papier und einen ruhigen Platz. Und denken Sie über Ihr „Sorgenkind" nach. Nach etwas Einstimmung tragen Sie in eine zweispaltige Liste ein, **was Ihr Kind besonders gut kann – und was es schlecht oder gar nicht kann.**

So könnte Ihre Liste zum Beispiel aussehen:

Das kann .... besonders gut	**Das kann .... gar nicht**
• Konzentriert spielen • Uns zum Lachen bringen (heute beim Mittagessen erst wieder) • Sich in andere hineinversetzen (echt toll!) • Sich für etwas begeistern • Mithelfen, wenn's nötig ist • Geschichten erzählen • Mit Freunden gut zurechtkommen • Sich freuen • Schwimmen (gerade gelernt) • Die Hände geschickt benutzen	• Langeweile aushalten • Die Fernsehdauer selbst regulieren • Enttäuschungen wegstecken (nie!) • Mit Schmerz umgehen • Die Blase kontrollieren (das Problem!) • Singen (fürchterlich, so schlimm wie beim Vater) • Merken, wenn er nervt • Das Zimmer in Ordnung halten (Katastrophe!) • Auch bei Streß funktionieren • Auf Süßigkeiten verzichten • Bei einem Problem von sich aus am Ball bleiben • Mit Wut umgehen (wird besser) • Sich richtig anziehen (Geschmackssache?)

Das waren nur Beispiele – als Anregung für Ihre eigene Liste.

Füllen Sie jetzt Ihre persönliche Liste aus. Mit den Stärken und den Schwächen Ihres eigenen Kindes. Und wenn Sie damit fertig sind, dann fragen Sie sich einfach mal: „Ist mir die Liste schwergefallen?" „Hat es etwas länger gedauert, bis mir die positiven Dinge eingefallen sind?" „Stand das Einnässen sehr im Vordergrund?"

Wenn Sie sich Ihre Liste nochmal in Ruhe durchlesen (sicher fällt Ihnen in den nächsten Stunden oder Tagen für jede Spalte noch der eine oder andere Punkt ein), dann müßten Sie eigentlich feststellen,

⇛ daß Ihr Kind bereits ziemlich viel kann; gute, wichtige Dinge sind darunter
⇛ daß es Fähigkeiten hat, weshalb Sie Ihr Kind besonders mögen
⇛ daß das Fähigkeiten sind, die ganz schnell einiges wieder gut machen, die Mut machen und nach vorn blicken lassen.

Sie sehen natürlich auch – und das ist genauso wichtig –
⇛ daß es an Ihrem Kind Besonderheiten gibt, mit denen Sie nicht zurecht kommen, über die Sie sich immer ärgern, die Sie liebend gern verschwinden lassen würden (ist da zufällig das Einnässen dabei?),
⇛ daß es einige Punkte gibt, bei denen Sie noch nicht zufrieden sind, an denen Sie als Mutter noch gezielt (und das Leben ganz automatisch) arbeiten werden, damit sich Verbesserungen und Erfolge einstellen,
⇛ daß Punkte dabei sind, die Ihr Kind sicher viel länger und intensiver beschäftigen und begleiten werden – als das Einnässen!

Diese Liste soll Sie wieder auf den Boden bringen – raus aus der alles vereinnahmenden Einnäßwelt! Denn es gibt schlimmere Dinge im Leben als eine nasse Hose oder ein nasses Bett. Ohne Zweifel: Ein Kind, das noch nicht trocken ist, macht Arbeit – Arbeit, die Sie als lästig, störend, unnötig, absolut überflüssig empfinden. Und obendrein ist Ihr Kind noch in seinen Aktivitäten und Möglichkeiten eingeschränkt.

Aber: **Das Einnässen ist nichts Schlimmes, keine Krankheit und kein Makel!** Eigentlich wird es erst durch seine gesellschaftliche Einschätzung zum Problem. Und die ist abhängig vom jeweiligen Zeitgeist. Als in den 50er und 60er Jahren die Gesellschaft beschloß, daß gut erzogene Kinder mit 1 Jahr tagsüber und spätestens mit 2 Jahren auch nachts trocken zu sein hatten, gab es – statistisch gesehen – plötzlich viel mehr einnässende Kinder in der Bevölkerung, weil alle noch nassen Drei- und Vierjährigen dazugerechnet wurden, die heute dank besserem Wissen nicht mehr zu den Einnässern gezählt werden.

Das Einnässen wird erst durch die soziale Kontrolle, unter der wir alle leben, zum Problem, weil es ab einem bestimmten Alter nicht mehr in unser Bild vom gut entwickelten, unauffälligen Kind paßt.

Einnässen – was ist das überhaupt?

Die Wissenschaft hat festgestellt und festgelegt:

- Einnässen ist mindestens zweimaliges unkontrolliertes Harnlassen pro Monat nach dem 5. Geburtstag, d.h. in einem Alter, in dem der psychische und physiologische Reifungsgrad bei über 9 von 10 Kindern eine kontrollierte Blasenentleerung möglich macht.
- Dieses Einnässen wird unter Fachleuten **Enuresis** genannt, wenn organische Ursachen für die fehlende Blasen-Kontrolle ausgeschlossen werden können, d. h. wenn die Kinder gesund sind.
- Einnässen aus organischen Gründen hat zur klaren Abgrenzung einen anderen Namen. Es wird **Inkontinenz** genannt. **Mit inkontinenten Kindern beschäftigt sich dieses Buch nicht**. Organische Gründe für die Inkontinenz können z.B. Fehlbildungen und Fehlfunktionen im Nieren-, Blasen- und Harnwegsbereich, Wirbelsäulenmißbildungen, Tumore, Stoffwechselstörungen, Anfallsleiden oder Zuckerkrankheit sein.
- Weniger als 10% aller einnässenden Kinder leiden unter Inkontinenz. Das heißt aber auch, daß mindestens 90% aller einnässenden Kinder **Enuretiker** sind. Und ihnen soll mit diesem Buch geholfen werden.

- Am häufigsten ist das **Einnässen in der Nacht**, umgangssprachlich Bettnässen oder mit Fachbegriff Enuresis nocturna genannt.
- Das **Einnässen am Tag**, die Enuresis diurna, ist viel seltener.
- Es gibt auch Kinder, die tags und nachts einnässen.
- Eine weitere Einteilung hat sich als wichtig erwiesen: man spricht von einer **primären Enuresis**, wenn ein Kind noch nie trocken war, und von **sekundärer Enuresis**, wenn ein Kind schon einmal länger als sechs Monate trocken gewesen ist und dann wieder mit dem Einnässen begonnen hat.
- Übrigens: mit drei Jahren nässen noch fast 50%, nach Vollendung des 4. Lebensjahres noch rund 20%, nach dem 5. Geburtstag immer noch rund 15% und bei der Einschulung noch stramme 10% aller Kinder – meist nachts – ein. Und zwar ohne jede organische Ursache.

**Und was meint der Kinderarzt damit, wenn er sagt:
„Wir müssen organische Ursachen ausschließen"?**

- Der Kinderarzt kann schnell feststellen, ob es sich bei Ihrem Kind um eine recht seltene **Inkontinenz** oder um die viel häufigere **Enuresis** handelt.
- Oft reicht ihm bereits die Darstellung der kindlichen Entwicklungsdaten und der Einnäßgeschichte beim Gespräch in der Sprechstunde,
  kombiniert mit der Schilderung oder Beobachtung einer Harnabgabe und einer Analyse des Urins oder einer Blutprobe, um organische Ursachen ausschließen und eine Enuresis diagnostizieren zu können.
- Je nach Praxisausstattung und Einnäßsituation kommt mitunter eine **Uroflow-Untersuchung** (harmloses Spezialklo, das den ins Klo-Becken auftreffenden Harnstrahl mißt), eine **Ultraschall-**

Untersuchung (das kennen Sie aus der Schwangerschaft) oder eine **Hirnstrommessung** (auch kein Problem, schmerzlos) hinzu.
- Nur wenn bereits massiver Verdacht auf eine Erkrankung der Harnwege oder Nieren besteht, wird eine Röntgenuntersuchung (unangenehm) stattfinden, die weitere Klarheit verschaffen kann.

Im Alter von 5 Jahren noch einzunässen, ohne daß das Einnässen von einer Fehlfunktion, Fehlbildung oder Erkrankung herrührt, bedeutet also nur, daß sich die Entwicklung in diesem speziellen Bereich verzögert hat. Dieser Rückstand kann verschiedene Gründe haben, auf die wir noch zu sprechen kommen werden (Siehe Kapitel 6, Stichwort „Sprechblase“, Kapitel 7, Stichwort „Reifungsverzögerung“, und Stichwort „Vererbung“). Doch alle sind nur mit Zeit, mit Verständnis für Ihr Kind und Zuversicht in die kindliche Entwicklung anzugehen.

Kapitel 4: Das Wichtigste in Kürze

- Einnässen ist nichts Schlimmes, ohne organische Ursachen auch keine Krankheit – und vor allem kein Makel.
- Auch wenn das Einnässen ab einem bestimmten Alter nicht mehr in unser Bild vom gut entwickelten, unauffälligen Kind paßt, lassen Sie Ihr Kind nicht Ihre Enttäuschung und Verunsicherung spüren.
- Nichts macht das Einnässen schneller zum Problem,
  als es als Problem zu sehen.
- Geben Sie nicht den Druck weiter,
  der auf Ihnen als Eltern lastet.
- Seien Sie sich sicher:
  Sie können Ihrem Kind helfen, wenn Sie es so entlasten.

5

Es geht nicht um die Blase, sondern um das ganze Kind

In diesem Kapitel erfahren Sie, ...

- warum es wichtig ist,
  ganz anders über das Problem Einnässen zu denken
- wie Sie lernen können, „Blase & Co“ weitgehend zu ignorieren
- was Selbstbewußtsein und Kompetenzgefühle
  mit der Blase zu tun haben
- warum gerade ein einnässendes Kind
  seinen Körper funktionstüchtig erleben sollte
- warum Scham und Intimität gerade für einnässende Kinder
  wichtig sind

Warum sage ich Ihnen das?

Ich sehe es als eine meiner wichtigsten Aufgaben an, Ihre Aufmerksamkeit vom Unterleib Ihres Kindes abzuziehen und sie stattdessen wieder auf das ganze Kind zu lenken. Denn:

- Ihr Kind macht mehr – als nur Einnässen.
- Ihr Kind ist mehr – als nur undicht.
- Ihr Kind ist spannender als die Frage: War die Nacht trocken oder naß?
- Ihr Kind braucht Ihre ganze Aufmerksamkeit und Zuwendung.
  Diese sollten nicht allein „Blase & Co“ vorbehalten sein.

Warum es nicht nur um „Blase & Co“ geht

Ihr plötzlich übergroßes Interesse für Nieren, Blase, ableitende Harnwege und auch noch für Nervenleitungen und Muskulatur, die diese Organe versorgen, kommt natürlich nicht von ungefähr. Hier vermuten Sie die Ursache des ganzen Übels. Hier suchen Sie nach Ansatzpunkten für eine Veränderung. Denn der Urin, der bei einnässenden Kindern zum falschen Zeitpunkt ungebremst aus der Harnröhrenöffnung austritt, wird in den Nieren gebildet, strömt von dort aus in die Blase, wird hier gespeichert und dann über die Harnwege abgegeben.

Die Kommandozentrale für die Gesamtkoordination des Geschehens liegt im Gehirn. Die Blase füllt sich bis zu einem gewissen Grad und entleert sich dann, sobald das Gehirn „grünes Licht“ gibt und die Entleerung nicht mehr hemmt – was es während der gesamten Füllphase getan hat. Ausführende Organe sind die Muskeln – über Nervenleitungen mit der Zentrale verbunden.

Die Blase wird von Muskelschichten umgeben. Machen wir uns das alles einmal mit Hilfe eines uns besser bekannten Bildes deutlich: Stellen wir uns die Blase als Luftballon vor, der beim Aufblasen zwischen zwei Händen gehalten wird. Um den Luftballon ordentlich aufblasen zu können, müssen die

Hände den anfangs kleinen Ballon ganz locker halten und sich dann beim Aufblasen immer weiter öffnen. Genauso locker halten die Muskeln in der Blasenwand die Blase, damit die Wand sich möglichst weit ausdehnen und möglichst viel Flüssigkeit aufnehmen kann. Während dieser Füllphase muß natürlich der Blasen-Schließmuskel dichthalten, damit kein Urin aus der Blase in die Harnröhre austritt. Beim Luftballon müssen wir ja auch darauf achten, daß das Gummischnäuzchen beim Aufblasen möglichst luftdicht abgeschlossen bleibt, damit die Luft nicht sofort wieder aus dem Ballon entweicht.

Aber irgendwann ist die Kapazitätsgrenze erreicht – beim Luftballon wie bei der Blase. Während unsere Hände erfahrungsgemäß „spüren“, wann der Ballon kurz vor dem Knallen ist, so melden spezielle Sinnesorgane in der Blasenwand an entsprechende Zentren im Gehirn, wann ein bestimmtes Dehnungsmaß überschritten wird. Nach dieser Meldung gibt die Kommandozentrale – falls nichts dagegen spricht – die Entleerung frei. Oft muß sie noch etwas warten, bis die höchste Instanz – nämlich der Wille des Kindes – die Genehmigung erteilt und sagt: „Start, die Situation ist günstig, Zeit und Ort stimmen: Wasser marsch!“

Auf dieses Kommando hin zieht sich die Blasenwand-Muskulatur zusammen und drückt so den Harn aus der Blase hinaus. Das klappt deshalb, weil gleichzeitig mit dem Entleerungs-Kommando ein Erschlaffungs-Kommando an den Schließmuskel ergangen ist und dieser nun den Weg nach außen freigibt. Der Harn tritt aus. So entleert sich auch unser Beispiel-Luftballon: Wir halten die Austrittsöffnung nicht mehr verschlossen und umschließen den Ballon mit kräftigem Druck beider Hände. Die Luft tritt aus – und der Ballon wird durch das Pressen kleiner und kleiner.

Wenn Ihr Kind aber nun seine Blase noch nicht richtig unter Kontrolle hat – woran kann das liegen? Wer funktioniert nicht oder noch nicht richtig?
An welchen Stellen kann es zu Fehlern und Pannen kommen?

Vielleicht in den Nieren, in der Blase, bei den ableitenden Harnwegen, in der Muskulatur. Es könnte die Blasenwand-Muskulatur oder der Schließmuskel sein, beide könnten nicht richtig funktionieren. Haben wir jemanden vergessen? Ja, die Kommandozentrale im Gehirn und die willkürliche Steuerung durch das Kind. Ob wir an alle gedacht haben, wird sich noch herausstellen (Kapitel 6, aber noch nicht spicken!).

Sie müssen immer daran denken: Wir haben es mit einer **Enuresis** zu tun, dem **Einnässen, dem keine organischen Fehlbildungen oder Fehlfunktionen zu Grunde liegen**. Ihr Kind ist gesund. Zum Glück!

Wenn die Blasenfunktion noch nicht klappt,
kann es zum Beispiel daran liegen,

- daß die dazu nötigen Voraussetzungen noch nicht voll ausgereift sind
- daß die Abfolge verschiedener Schritte noch nicht immer einwandfrei steht
- daß irgendetwas das gesamte Geschehen noch durcheinander bringen kann.

Wenn Sie ein Kind haben,

⇛ das nur nachts einnäßt, tagsüber aber seine Blase perfekt managt

⇛ nur tagsüber einnäßt, nachts also stabil trocken ist

⇛ nur hin und wieder einnäßt, also trockene Tage oder Nächte zwischen den nassen liegen,

dann wissen Sie, daß

⇛ die **Blase nicht generell zu klein sein kann** (denn es war sonntags dieselbe Blase und dieselbe Länge der Nacht wie montags, am Montag morgen aber war alles trocken, am Dienstag morgen plötzlich wieder naß)

⇛ die **Blasenwand-Muskulatur manchmal durchaus in der Lage ist, einer Flüssigkeitsbelastung standzuhalten** (am Freitag hatte Tante Doro für die Kinder Spezialbowle gemacht. Tanja hat sie gläserweise in sich hineingeschüttet und war in der Nacht von Freitag auf Samstag trotzdem trocken)

⇛ der **Schließmuskel nicht immer zu schwach ist** (im Osterurlaub war der nie schwach)

⇛ das **Muskelzusammenspiel auch nicht immer falsch koordiniert** ist (wie ließen sich dann mehrere trockene Nächte hintereinander erklären?)

⇛ die **Meldeleistung der übervollen Blase, nämlich der Harndrang, bereits entwickelt ist** (auf welches Signal hin würde ein Kind sonst in „guten Zeiten“ zum Klo rennen oder nachts aufwachen, falls es besonders viel getrunken hat?)

Wenn Sie ein Kind haben,

⇛ das praktisch jede Nacht naß ist

⇛ oder eins, das tagsüber mehr naß als trocken ist,

sind Sie sich über diese Dinge natürlich nicht ganz so sicher und verfallen leicht wieder in die Vorstellung, daß vielleicht irgendetwas Organisches nicht stimmt. Dann müßte man ja doch wieder bei „Blase & Co“ ansetzen.

Wenn die Enuresis bereits vom Kinderarzt abgeklärt wurde, wenn also organisch alles in Ordnung ist, dann brauchen Sie dafür keine Zeit mehr zu verwenden und zu verschwenden.

Es geht nicht alles um „Blase & Co“ – wir müssen unseren Blick auf etwas ganz anderes als auf die Blase richten, wenn wir das Einnässen beseitigen wollen.

Kennen Sie diese Situation?

Mitten im Beratungsgespräch fällt der Mutter von ***Valentin*** *ein (Valentin ist 7 und kam wegen primärem Nacht- und Tagnässen in die Beratung), daß der Junge in den Sommerferien am Meer nachts eigentlich nie einnäßt, die Matratze im Wohnmobil ja auch gar keinen Nässeschutz hat – und das, obwohl niemand im Urlaub Valentins Trinkmenge kontrolliert, da ja schließlich „Urlaub“ ist. „Und, das muß ich jetzt auch noch sagen, weil uns das schon seit langem auffällt: Der Valentin hat tagsüber viel seltener eine nasse Hose, wenn sein Papa (von Beruf Fernfahrer) seine ‚Heimattage‘ hat und zu Hause ist. Dann unternehmen die zwei auch immer viel zusammen.“*

Selbst bei Kindern, die „immer" naß sind, merken Sie Unterschiede in der Einnäßhäufigkeit und in der Einnäßstärke. Diese Unterschiede lassen sich nicht mit plötzlichem Gesunden und wieder Erkranken eines zur Blasen-Kontrolle nötigen Körperteils erklären. Wenn aus der Sicht des Kindes in der Familie oder im Tagesablauf mal gerade alles drunter und drüber geht, dann kann das Einnässen plötzlich viel stärker werden, z.B. mehrmals pro Nacht. Es kann sogar mal für einige Tage Einkoten dazukommen. Zum Entsetzen aller macht also auch noch die Darm-Kontrolle Schwierigkeiten.

Und was wird die nächste Katastrophe sein? Gar nichts – denn das Einkoten geht, wie es gekommen ist, sobald wieder mehr Ruhe und Sicherheit in die Familie eingezogen ist. Genauso gibt es Zeiten, in denen alles viel besser ist. Solche guten Zeiten werden nach dem nächsten Rückschlag nur schnell wieder vergessen oder aus Verzweiflung als offensichtlich unwichtig abgetan.

Unter der Belastung eines oft jahrelangen Einnäßkampfes wird unsere Erinnerung einseitig – und zwar negativ.

> *„Noch nie, noch gar nie hat das geklappt. Ich kenne unsere Tochter doch nur mit nassen Windeln, vom ersten Tag an bis heute in der 3. Klasse."*

Und ein paar Sätze später erzählt dann dieselbe Mutter:

> *„In den Sommerferien bei der Oma im Zelt, da hat sie sich ‚natürlich' nie naßgemacht. Und als Tante Evelyn aus den Staaten zu Besuch war und wochenlang mit ihr im selben Zimmer geschlafen hat, auch nicht."*

Sie sehen: Solche „guten Zeiten" geraten leicht in Vergessenheit.

Sicher haben Sie es schon gemerkt: „Blase & Co" sind nur ein Teil, der am Einnässen beteiligt ist – und keineswegs der einzig wichtige. Oft sind es äußere Einflüsse, die eine viel größere Rolle spielen.

Damit „Blase & Co" aber, sobald sie voll ausgereift sind, ihre komplizierten Aufgaben erledigen können, braucht es bestimmte weitere Voraussetzungen. Es gibt einige Möglichkeiten, die Blase direkt zu unterstützen. Die nennt Ihnen, falls sie überhaupt nötig sind, Ihr Kinderarzt. Wir werden in Kapitel 7 über begleitende Hilfsprogramme sprechen – und welche Voraussetzungen nötig sind, damit solche Programme bei Ihrem Kind überhaupt wirksam sind.

Vergessen Sie jetzt einmal Blase, Nieren und alle anderen Körperteile, die mit dem Einnässen zu tun haben könnten – und schauen Sie sich einmal an, welchen Einfluß das **Selbstbewußtsein** und die **Kompetenzgefühle** eines Kindes auf die Blasen-Kontrolle haben können.

Die Wissenschaft hat festgestellt:

- Einnässende Kinder haben oft ein geringeres Selbstbewußtsein und weniger Vertrauen in ihre Fähigkeiten als gleichaltrige Kinder, die keine Probleme mit der Blase haben. Es fällt auf, daß recht viele von ihnen sich selbst weniger zutrauen und sich für weniger beliebt halten, als es der Wirklichkeit entspricht.
- Ihre Minderwertigkeitsgefühle sind verständlich. Sie bewältigen eine für sie inzwischen sehr wichtig gewordene Anforderung nicht, mit der – so glauben sie – alle anderen Kinder keine Probleme haben. Die regelmäßige Bestätigung für einen erneuten Mißerfolg macht mutlos, ungeduldig und frustriert.
- Ihre Erfolglosigkeit bei der Blasen-Kontrolle läßt diese Kinder auch an Erfolgen in ganz anderen, von der Blas völlig unabhängigen Bereichen, zweifeln. Manche der einnässenden Kinder nehmen schon vorsichtshalber keine neue Aufgabe in Angriff, damit sie nicht wieder einen Mißerfolg erleben müssen.
- Ihr Selbstwertgefühl leidet unter ihrem „Babyverhalten". Doch nicht genug: Ihr angeknackstes Selbstwertgefühl erhöht die Wahrscheinlichkeit für einen neuen Einnäßzwischenfall! Fehlendes Selbstbewußtsein läßt die Blasen-Kontrolle versagen – und wieder hat man eine nasse Hose wie ein Baby. Ein Teufelskreis!

In diesem Zusammenhang noch etwas zum Nachdenken: Vielen Eltern ist oft gar nicht bewußt, wie sie aus Enttäuschung über eine „nasse“ Nacht und aus Angst vor der nächsten am Selbstbewußtsein ihres Kindes kratzen, ohne es zu wollen.

Wenn ein Kind den ganzen Tag lang die Enttäuschung der Eltern über sein „Versagen“ zu spüren bekommt, wird es noch zusätzlich verunsichert – und die nächste nasse Nacht ist vorprogrammiert.

Kennen Sie diese Situation?

Am Morgen danach...

Nachdem der Zustand des Bettes bekannt ist, fällt die morgendliche Begrüßung in der Regel nicht allzu herzlich aus. Das Einnässen wird zum Frühstücksthema oder zum Grund für eisiges Schweigen. Der Wunsch nach einem zweiten Glas Kakao wird überhört oder mit „Du willst wohl nächste Nacht wieder davonschwimmen“ kommentiert.

Mit gesenktem Kopf und hängenden Schultern geht ***Martin*** *zur Schule. Diese Haltung wirkt auf die Schulkameraden wie ein Signal: Martin wird sofort als „geeignetes Opfer zum Ärgern“ erkannt – und das wird gnadenlos ausgenutzt. Alles läuft schief. Sogar das Diktat, bei dem es bisher nie Schwierigkeiten gab.*

Mittags kommt Martin nach Hause, das Familienbarometer steht immer noch auf Sturm. Neben allen Tellern steht ein großes Glas, nur neben seinem steht ein Minigefäß von der Größe eines Schnapsgläschens. Ein Wort ergibt das andere. Fernsehen wird gestrichen.

Jede Stunde ist ein Toilettengang angesagt – mit Ergebniskontrolle, und völlig unabhängig davon, was Martin gerade macht. „Martin, komm' rein, und zwar sofort! Du weißt warum!“

Das Abendessen läuft in jeder Beziehung „trocken“ ab. Zähneputzen und Toilettengang werden kontrolliert, das Bett mit saurer Miene und einem Wachstuch bezogen. „Du kannst noch 2 Seiten le-

sen, aber dann machst Du das Licht aus. Vielleicht überlegst Du Dir ja mal, ob Du das Ins-Bett-Pinkeln nicht mal bleiben lassen willst. Deine Mutter verzweifelt noch wegen Dir. Und ich bin auch maßlos enttäuscht. Trockene Nacht, junger Mann!"

Selbstbewußtsein – der Schlüssel zum Erfolg

So massiv wollen es die meisten Eltern dann doch nicht gesagt haben, doch genauso massiv kommt es beim einnässenden Kind an. Egal, wie Sie es formulieren: Ihr Kind spürt Ihre Enttäuschung – und jeder noch so leise Vorwurf fällt auf einen durch eigene Schuldgefühle vorbereiteten Boden. Das nächtliche Problem und das dazugehörende Wissen um das eigene Versagen verlassen das Kind nicht mehr – den ganzen Tag nicht, bei keiner Aktivität. Das „Leck" in der Blase läßt das Kind an sich zweifeln und verzweifeln. Aber genau das Gegenteil – nämlich **zunehmendes Selbstbewußtsein** – ist einer der **Schlüssel zum Erfolg**.

Schon mehrmals habe ich eine ganz plötzliche, in dieser Schnelligkeit überhaupt nicht erwartete „Enuresis-Heilung" erlebt – nur, weil ein Kind selbstbewußter wurde, seine Fähigkeiten erkannte und Bestätigung erfuhr.

Hier drei Beispiele, die Ihnen bestimmt Mut machen:

Bastian *(8½ Jahre, primäres Nachtnässen) durfte mit seiner Mutter, deren Freundin und ihrem 9 jährigen Sohn* ***Jasper*** *zwei Wochen Urlaub in einem einsamen Ferienhaus in den Vogesen machen. Die Mütter nützten die Zeit zur Erholung und zur Planung eines Wochenendkurses, die Kinder hatten uneingeschränkt Zeit und Spielmöglichkeiten im Haus und im Freien. Es gab Felsen zum Klettern, einen kleinen See, viel Holz ums Haus, keine Straße. Die Jungen verstanden sich bestens und hatten bereits nach 2 Tagen ihre Claims abgesteckt. Bastian war der sportlichere und mutigere von beiden; er brachte Jas-*

per das Schwimmen bei. Jasper war ein feinmotorisches Talent, er zeigte Bastian, wie man schnitzt und kocht. Von der zweiten bis zur elften Nacht war Bastian trocken, die zwölfte Nacht war naß (die Mutter wagte kaum mehr zu atmen), die dreizehnte Nacht war wieder trocken – und so blieb es ohne einen weiteren Rückfall.

Das 2. Beispiel ist noch spektakulärer:

***Vanessa** (nächtliches Einnässen seit Geburt) hatte von ihrem Patenonkel zum 9. Geburtstag ein Jahr Reitstunden geschenkt bekommen. Zwei Tage vor der ersten Stunde fuhr der Onkel mit ihr zum Stall, um alles anzusehen. Die Besitzerin des Reitstalls trat soeben mit einem Pferd ins Freie, begrüßte Vanessa und sagte: „Du bist für Dein Alter zwar noch ziemlich klein, aber Du siehst aus wie eine Reiterin. Du wirst es gut machen, das weiß ich."*

In dieser Nacht näßte Vanessa nicht ein. Das war in den letzten 9 Jahren insgesamt höchstens 20 mal vorgekommen. Vanessa blieb von dieser Nacht an trocken.

Das 3. Beispiel:

***Lisa**, 7 Jahre, hatte nach der Scheidung und dem Auszug ihres Vaters mit 5 Jahren wieder begonnen, nachts, ganz selten auch tagsüber, einzunässen. Im Alter von 2 ¾ Jahren war sie bereits tagsüber und auch nachts trocken gewesen. Lisas Mutter, eine Architektin, war ganztags berufstätig. Lisa wurde nach der Schule von der Großmutter versorgt und abends dort von ihrer Mutter abgeholt.*

Nach einem Skiunfall war die Mutter monatelang krank geschrieben und zu Hause. „Ohne die Schmerzen wäre diese Zeit die schönste in den letzten Jahren gewesen", erzählte Lisas Mutter später überall. Lisa versorgte ihre Mutter bestens. „Unsere Beziehung wurde ganz neu, richtig rund, zwischen einer Mutter und ihrer großen Tochter!"

Interessant ist an dieser Geschichte, daß Lisa während der Heilung ihrer Mutter von Woche zu Woche seltener einnäßte und bereits wieder trocken war, bevor ihre Mutter ins Berufsleben zurückging. In der ersten Arbeitswoche der Mutter kam es zu 2 nassen Nächten. Doch als Lisa merkte, daß der Alltag die gute Beziehung zu ihrer Mutter nicht angreifen konnte, blieb die Blasen-Kontrolle von da an perfekt. Sie hatte es geschafft.

Das Selbstbewußtsein stärken, Fähigkeiten und Hobbies fördern, dem Kind Aufmerksamkeit und Zuwendung geben – das heißt nicht nur, Ihr Kind zu einer ausgeglichenen Persönlichkeit werden zu lassen, sondern es heißt auch, die Blase zu „heilen". Warum und wie das funktioniert, erfahren Sie im nächsten Kapitel.

Jedes Kind muß die Chance erhalten, seinen Körper funktionstüchtig zu erleben, ein **gutes Körpergefühl** aufzubauen. Dies ist vor allem für Kinder wichtig, die bereits mit Unzulänglichkeiten ihres Entwicklungsverlaufs zurechtkommen müssen. Zwei der „mächenhaften" Heilungsbeispiele haben sicher nicht ohne Grund mit körperlichen Fähigkeiten zu tun, die plötzlich erkannt wurden. Gerade ein Kind, das seinen Körper nicht immer als funktionierend erlebt, braucht hier Erfolgs-Erlebnisse.

Immer noch ein Babyverhalten zu zeigen, es nicht mit eigenem Willen beheben und nichts dagegen unternehmen zu können – trotz mal Wut, mal Verzweiflung darüber – ist besonders für Kinder im Grundschulalter schwer zu verkraften. Muß man doch gerade jetzt sich selbst und der ganzen Welt beweisen, wie toll, groß und neuerdings auch, wie cool man ist.

*„Ich habe mir schon oft überlegt, ob ich vielleicht von einem anderen Stern bin, wo alle, die was taugen, hosenpieseln, und bloß die Versager nicht den Mut dazu haben!" (**Paul**, fast 9 Jahre, primäres Nachtnässen). Ein rührender Versuch, eine Peinlichkeit – auch vor sich selbst – nicht peinlich, sondern besonders aussehen zu lassen.*

„Wenn ich nicht so gut schwimmen, Tennis spielen und am läng-

*sten von der ganzen Klasse laufen könnte, hätte ich schon längst gedacht, mein Schittkörper ist völlig verkrebst." (**Max**, fast 9 Jahre, sekundäres Nacht- und Tagnässen)*

Sie sehen, wie wichtig ein **gutes Körpergefühl** ist. Muß man dieses Gefühl lernen? Kann man sowas überhaupt lernen? Ist das nicht etwas, was sich im Laufe der Entwicklung automatisch einstellt?

Die Wissenschaft hat festgestellt:

- Für die Entstehung eines guten Körpergefühls ist Hilfe von außen nötig.
- Wenn wir auch einige Strategien funktionsfertig mit auf die Welt bringen, um ganz allein etwas über unseren Körper, seine Möglichkeiten und unser körperliches Befinden zu erfahren, so reichen diese jedoch nicht aus, um all das ausschöpfen zu können, was wir mit dem Begriff Körpergefühl umschreiben.
- Ein gutes Körpergefühl beginnt mit engem Kontakt, mit Körperkontakt. Am Körper getragen, in den Schlaf gewiegt, gestillt, liebevoll mit Fläschchen gefüttert und gesund gepflegt, notfalls getröstet und in den Arm genommen zu werden, eng aneinander gekuschelt zu träumen, gestreichelt und mit Worten liebkost zu werden – all das läßt das Kind den Körper der Bezugsperson und ihren Einfluß auf sein Körperempfinden erleben.
- Ein Kind lernt seinen Körper und seine körperlichen Möglichkeiten auf zweierlei Weise kennen: Durch unermüdliche und variierende Eigenversuche und durch die Reaktionen seiner Umgebung. Jedes Lächeln, das interessierte Beobachten seiner Aktivitäten und jedes Lob („Gut machst Du das") wird aufgesaugt, mehrt die Anstrengung und stärkt das Körperbewußtsein – und das ist ein wichtiger Teil des Selbstbewußtseins.
- Damit sich ein Kind ernstgenommen fühlen kann, müssen auch seine Körper-Empfindungen ernstgenommen werden. Zu den er-

sten Erfahrungen in diesem Bereich gehören die elterlichen Reaktionen auf das sich langsam entwickelnde Schamgefühl. Werden die Wünsche des Kindes nach körperlicher Intimität verstanden und akzeptiert, wird gleichzeitig vermittelt, daß der kindliche Körper schützenswert ist – ein ungeheuerer Bonus für das Körpergefühl.

Gerade im Kindergarten- und Grundschul-Alter kann nahezu jeden Tag etwas Neues im Leistungsspektrum des Körpers dazukommen. Bewältigte Herausforderungen – mit gebührender Anerkennung von den wichtigen Menschen zur Kenntnis genommen – tragen zu einem guten Körpergefühl bei. Achten Sie doch mal auf den kräftigen, sicheren Schritt eines soeben bestätigten Kindes.

Die **Scham** ist ein besonderes Thema einnässender Kinder, denn die Scham betrifft den Unterleib, gleichzeitig das Aktionsfeld des Einnässens. Wie schnell werden kindliche Schamgefühle achtlos beiseite gewischt – wenn es heißt „Zieh' Dir sofort die Hose aus!", wenn man vor aller Augen gewickelt wird (und dafür eigentlich schon zu alt ist!), wenn bei jedem Toilettengang das Ergebnis kontrolliert wird, ganz zu schweigen vom schnellen Griff in die Hose, mit dem die Mutter sich Klarheit verschaffen will.

Meine Arbeit mit Kindern hat mir gezeigt, daß, wer sich liebenswert fühlt – und dieses Gefühl bekommt man von außen vermittelt – nicht perfekt zu sein braucht, um sich selbst zu mögen. Aber unter den einnässenden Kindern sind immer wieder welche, die wenig Gelegenheit haben, auf ihren Körper stolz zu sein oder sich in ihrer Haut wohlzufühlen. Aber genau das zu erleben, diese ganz neuartige Erfahrung auszukosten, könnte der letzte noch fehlende Anstoß sein, „über die Blase zu siegen".

Wann haben Sie zum letzten Mal Ihr Kind im Arm gehabt, mit ihm geschmust, sich gemeinsam in die Sofaecke gekuschelt und etwas ganz Schönes mit ihm gemacht?

Kapitel 5: Das Wichtigste in Kürze

- Enuresis bedeutet Einnässen, ohne eine kranke Blase zu haben. Trotzdem immer nur die Blase behandeln wollen, das bringt nichts – außer Mißerfolg und Frust.
- Selbstbewußtsein stärken, Aufmerksamkeit und Zuwendung geben, Fähigkeiten und Hobbies fördern – das wirkt sich zwar indirekt, aber voll auf die Blase aus: Sie funktioniert, ganz plötzlich, aber keineswegs überraschend.

6

Die „Sprechblase“: Was uns die Blase alles sagen kann

In diesem Kapitel erfahren Sie, ...

- warum in den Abend- und Nachtstunden in wechselnder Häufigkeit mit nassen Betten zu rechnen ist
- wie man einen „Einnäßkalender“ erstellt – und wozu
- wie Sie zum Wetterfrosch für nasse und trockene Nächte werden können
- wie eine „Sprechblase“ entsteht
- was die Blase Spannendes erzählen kann – und wie Sie verstehen können, was sie sagt

Warum sage ich Ihnen das?

Fast alle Eltern glauben zuerst einmal an die Exklusivität ihres Schicksalschlages und gehen davon aus, nur sie hätten ein Kind, das in diesem Alter noch einnäßt.

Falls Sie auch dieser Meinung sind, muß ich Sie zuallererst einmal „enttäuschen". Von wegen Exklusivität: mit drei Jahren näßt noch fast jedes zweite Kind ein, mit 4 Jahren noch jedes fünfte, mit 5 Jahren sind es noch rund 15% und zwischen 6 und 7 Jahren immerhin noch jedes zehnte Kind.

Das heißt, daß in einer Grundschulklasse im Durchschnitt zwei bis drei Kinder mit Blasenkontroll-Problemen mehr oder weniger versteckt sind. Ich habe diese Zahlen schon einmal genannt, aber sie sind wichtig für Ihre eigene Einstellung zu diesem Thema. Daß das Einnässen viele Kinder betrifft, ist vielleicht kein Trost für Sie. Aber Sie sollen wissen, daß Sie mit diesem Problem nicht allein dastehen, und daß Sie keine Angst davor haben müssen, mit anderen ganz offen über dieses „peinliche" Thema zu sprechen.

Jedes Kind hat sein eigenes „Einnäßmuster"

Doch jetzt beginnt das Vergleichen: Ja, läuft dieses Fiasko denn überall genau so ab wie bei uns? Mit Sicherheit nicht.

⇛ Denn erstens ist die Toleranz-Schwelle nicht bei allen Eltern gleich hoch.

⇛ Und zweitens tritt das Einnässen in ganz unterschiedlichen Formen auf. Das eine Kind kann zwei- oder dreimal im Monat eine nasse Nacht oder einen nassen Tag haben. Andere Kinder wiederum nässen mehrmals pro Nacht ein. Und es gibt auch welche, denen dieses Unglück zusätzlich noch mehrmals am Tag passiert. Zwischen diesen Extremen liegt eine Vielzahl unterschiedlicher „Einnäßmuster".

Genau diesen Unterschieden aber gilt es auf die Spur zu kommen, um jedem Kind wirklich individuell helfen zu können.

Auf die Idee, das Einnäßmuster (wissenschaftlich ausgedrückt: den Symptomverlauf) überhaupt zu beachten, brachten uns Kinder mit altersgemäß erworbener Blasen-Beherrschung – also Kinder, die keine Probleme beim Sauberwerden gehabt hatten.

Bei ihnen fällt nämlich in den ersten Jahren, nachdem sie trocken sind, auf,

- daß viele bei heftigem Erschrecken einnässen, ebenso in ängstigenden Situationen (vor dem Fernseher, im Kino, auf einer Nachtwanderung). Nicht umsonst sagt schließlich der Volksmund, daß man sich „vor Angst in die Hose macht“
- daß sie bei übergroßer Freude plötzlich eine nasse Hose haben
- daß die Hose auch mitten in einem aufregenden Spiel naß werden kann – z.B. wenn Kinder sich verstecken oder absichtlich gruseln
- daß Kinder nach einem schlimmen Erlebnis mehrere Nächte hintereinander naß sein können
- daß sie – ganz häufig beobachtet – während einer Harnwegsinfektion für einige Tage keine Kontrolle über den Harnabgang haben
- daß „saubere“ Kinder beim „Ausbrüten“ einer Infektionskrankheit oft plötzlich naß sind – zumeist in der Nacht vor dem Ausbruch der eigentlichen Symptome, mitunter kombiniert mit Erbrechen

Es scheint zum Normalprogramm zu gehören, daß selbst bei inzwischen stabiler Blasen-Kontrolle besondere Ereignisse hin und wieder einen unkontrollierten Harnabgang hervorrufen können.

Und genau mit dieser Erfahrung kommen Eltern einnässender Kinder zum Arzt oder in die Beratung und schildern ihre Beobachtungen beim Einnäßverlauf.

„Also ich glaube ja nicht mehr, daß das Zufall ist, wenn ***Eva*** *besonders lange trocken und dann wieder eine ganze Zeit lang fast nur naß ist. Da steckt System dahinter. Wenn nämlich bei uns in der Ehe, in der Familie und bei der Arbeit alles gut läuft, dann ist sie trocken.*

Ob Sie es glauben oder nicht: Mein Mann meint ja, ich spinne, und solle meine Fähigkeit, Systeme zu erkennen, lieber zum Lottospielen einsetzen."

Die Beobachtung von Evas Mutter ist kein Einzelfall. Viele Eltern machen bereits vor Beratungsbeginn die Feststellung, daß bei ihren Kindern nach Unwohlsein, Sorgen oder Problemen das Bett morgens häufiger naß ist als z.B. in den Ferien oder in Zeiten einer „Hochstimmung", also in „guten Zeiten". Doch viele Eltern verfolgen dann so eine „heiße Spur" nicht weiter. Denn:

„Was soll ***Manuels*** *Blase mit dem Ferienplan Baden-Württembergs zu tun haben?"*

„Der gute Platz bei den Bundesjugendspielen kann doch keinen Einfluß auf ***Angelas*** *Blasengröße haben. Die soll doch angeblich zu klein sein. Zu klein ist die Blase nach den Cola-Gelagen im Sportclub aber mit Sicherheit auch nicht. Danach ist Angela nämlich nie naß. Aber immer, wenn sie mit ihrer Schwester Zoff hat. Das kann doch gar nicht sein."*

Kennen Sie solche Gedanken? Das sind spannende – und vor allem wichtige – Entdeckungen. Und trotzdem wenden die meisten Eltern ihre ganze Aufmerksamkeit sofort wieder der Blase zu – und somit dem Abmessen der abendlichen Trinkmenge, dem Aufspüren heimlichen Trinkens am Wasserhahn, dem vielleicht doch zu kalten Wasser im Freibad und einem neuen Weckplan. Leider – weil immer erfolglos. Und warum erfolglos? Weil die Eltern das Einnäßproblem an der falschen Stelle suchen: in der Blase. Sie halten die Blase für schuldig (hierzu mehr in den Kapiteln 7 und 8).

Die Wissenschaft hat festgestellt:

- Weit über die Hälfte der einnässenden Kinder, die älter als 6 Jahre sind, zeigen ein sehr unregelmäßiges Einnäßmuster.
- Zeiten mit fast perfekter Blasen-Kontrolle können mit besonders schlimmen Naßphasen abwechseln. Ebenso können, wenn nach recht langen „Trockenperioden“ alle aufzuatmen beginnen und Hoffnung schöpfen, plötzlich wieder einzelne nasse Nächte auftreten.
- Knapp ein Drittel der Eltern gibt an, daß ihre Kinder nahezu regelmäßig – also fast jede Nacht oder jeden Tag – naß sind. Es gibt auch Eltern, die berichten, daß ihr Kind jede Nacht naß ist. Aber selbst wenn das Einnässen jede Nacht passiert, können trotzdem – mit etwas Aufmerksamkeit – Unterschiede festgestellt werden: Plötzlich kommt es z.B. nachts vorübergehend mehrmals zum Einnässen, zu zusätzlichem Tagnässen oder in Einzelfällen gar zum **Einkoten**.

Ich bin mir ganz sicher, daß viele Eltern bei ihrem Kind in Zeiten besonderer Aufregung eine Verschlimmerung des Einnässens feststellen. Anfangs wahrscheinlich nach dem Motto:

„Das hat uns jetzt gerade noch gefehlt, wo sowieso alle verrückt spielen und ich am liebsten davonlaufen würde. Jetzt macht ***Susanne*** *auch noch fast jede Nacht ins Bett.“*

Haben Sie diesen Zusammenhang aber bereits mehrmals erlebt, so werden Sie im Laufe der Zeit in oder nach ungünstigen Situationen schon fast damit rechnen, daß Ihr Kind einnäßt:

„Heute mittag habe ich zu meinem Mann gesagt: Jetzt sind wir doch mal wieder an einem Chaos-Punkt angekommen, an dem ***Lorenz*** *uns bestimmt Bett oder Hose füllen wird.“*

Der Einnäßkalender

Ich wette mit Ihnen, daß noch mehr Eltern die Erfahrung gemacht haben, daß das Einnässen plötzlich wieder weg war – wie weggeblasen. In den Ferien zum Beispiel, während einer Urlaubsreise, bei Übernachtungen von Freunden oder bei Freunden, oder „wenn einfach alles Spitze läuft“, ist tatsächlich – ganz aus dem gewohnten Rahmen fallend – eine größere Anzahl trockener Nächte zu verbuchen. „Frag' mich nicht warum!“ Doch, fragen Sie! Auf diese Frage antworte ich Ihnen besonders gern.

„Zu verbuchen“ – das ist mein Stichwort: Es lohnt sich, Buch zu führen, und zwar einen richtigen **Einnäßkalender**.

Sie brauchen keinen Einnäßkalender, der Ihnen, und vor allem Ihrem armen Kind, tagtäglich das vor Augen führt, was Sie beide bereits wissen: nämlich daß immer noch viele nasse Nächte vorkommen oder mehr oder weniger nasse Tage. Sie und Ihr Kind brauchen einen Einnäßkalender, der Sie wichtige Zusammenhänge erkennen läßt – und mit diesem Wissen ganz neu handeln läßt.

Das Kapitel 8 wird Sie zum Handeln befähigen. Aber vorher schauen Sie sich bitte an, um welche Zusammenhänge es geht – und wie man sie erkennt. Welche Zusammenhänge müssen erkannt werden? Eigentlich sind es die, die Sie schon kennen, die Sie aber vielleicht nicht ernstgenommen haben.

Die Wissenschaft hat festgestellt – und Sie im Prinzip auch:

- Auf über 80% der Tage, an denen negative Erlebnisse, Aufregungen, Enttäuschungen und Unwohlsein für das Kind im Vordergrund standen, folgt eine nasse Nacht .

- Das heißt: Auf einen Tag mit Belastungen folgt viel häufiger, als es vom Zufall zu erwarten wäre, eine nasse Nacht.
- Für Kinder, die nahezu regelmäßig einnässen, können Enttäuschung, Verletzung und Mißerfolg an einer Verschlechterung der Einnäßsituation abgelesen werden: mehrmaliges nächtliches Einnässen, Tagnässen oder Einkoten finden sich fast ausschließlich in diesen belastungsreichen Zeiten.
- Für Kinder mit wechselndem Einnäßmuster sind interessanterweise nach Tagen ohne besondere Vorkommnisse und nach Tagen, die überwiegend schön, auffallend spannend oder toll waren, nur durchschnittlich 10% der darauf folgenden Nächte naß.
- Das heißt: Auf einen Tag ohne belastende Erlebnisse, ebenso auf einen Tag, den das Kind als besonders schön empfand, folgt viel seltener, als es vom Zufall zu erwarten wäre, eine nasse Nacht.
- Das heißt: Das Erleben und das Befinden eines einnässenden Kindes hat einen direkten, in Zahlen nachweisbaren Einfluß auf sein Einnässen.
- Und daran ändert sich auch nichts, wenn mit dem Kind gerade eine oder gar mehrere Enuresis-Therapien versucht werden. Die laufenden Behandlungsversuchc beeinflussen den Zusammenhang zwischen Tageserlebnissen und Einnässen nicht. Warum das so ist, wird Ihnen in Kapitel 7 klar.

Wenn das kein interessanter Zusammenhang ist, von dem aus es weiterzudenken gilt! Der Einnäßkalender hilft Ihnen also, derartige Zusammenhänge aufzudecken. Welche Angaben brauchen Sie dazu?

1) Wie hat das Kind den Tag empfunden?
2) Was war das Besondere an diesem Tag?
3) Wie war die darauffolgende Nacht: naß oder trocken?

Die **1. Frage „Wie hat das Kind den Tag empfunden?“** ist die Frage nach der **Tages-Bewertung**. Sie muß am Abend beantwortet und eingetragen werden. Fragen Sie Ihr Kind: „Was für ein Tag war das heute für Dich? Ein guter, normaler – oder eher ein schlechter Tag?“ Lassen Sie Ihr Kind ganz spontan antworten, ohne es zu beeinflussen, und tragen Sie die Bewertung ein.

- Einen eher guten oder normalen Tag nenne ich **„Normaltag“**. Aber Sie könnend ruhig die Formulierung Ihres Kindes eintragen (z.B. „Supertag“, „Spitzentag“ oder „Okaytag“).
- Einen eher schlechten Tag nenne ich „**Belastungstag**“. Aber auch dafür hat Ihr Kind sicher eigene Formulierungen (z.B. Sch...tag“).
- „**Normaltage**“ sind Tage, an denen es keine besonderen Vorkommnisse gab, alles routinemäßig ablief, oder aber positive, erfreuliche, erfolgreiche Erlebnisse, Lachen und Spaß im Vordergrund standen.
- „**Belastungstage**“ sind Tage mit für das Kind negativen Ereignissen wie Aufregung, Ärger, Angst, Kummer, Enttäuschung oder Unwohlsein.

Die 2. Frage „Was war das Besondere an diesem Tag?“ ist die Frage nach den **Gründen für diese Bewertung**. Sie muß direkt nach der Zuordnung Normaltag/Belastungstag, also auch am Abend gestellt werden. Fragen Sie Ihr Kind: „Und warum war das für dich heute so ein guter / so ein schlechter Tag? Was war denn heute für dich besonders schön / schlecht?“ Halten sie die Antworten Ihres Kindes mit einigen Stichwörtern fest, zum Beispiel:

- **Normaltag**: „Niemand hat mich gehänselt“, „Schule lief prima“, „Sami hat mich zum Spielen abgeholt“.
- Oder, wenn es ein **Belastungstag** war: „Krach mit Oliver“, „Stunk zu Hause“, „Keine neuen Turnschuhe“, „Fernsehverbot bis Freitag“...

Entscheidend für die richtige Beurteilung eines Tages ist nicht Ihr elterlicher Eindruck, sondern **die Bewertung Ihres Kindes**. Denn Sie wollen ja herausfinden, was Ihr Kind als negativ erlebt hat und wodurch es sich belastet fühlt – vielleicht sogar so belastet, daß seine Blase auf die Belastung mit

Einnässen antwortet. Also: Halten sie sich bitte zurück mit Ihrer persönlichen Meinung. **Wichtig ist nur, wie Ihr Kind den Tag bewertet**.

Zum Beispiel kann ein Streit einfach ein Streit gewesen sein. Für die Bewertung ist es völlig gleichgültig, wer daran schuld war oder glaubt, nicht daran schuld gewesen zu sein. Wichtig ist allein, ob sich Ihr Kind wegen dieses Streits für den Eintrag „Belastungstag“ entschieden hat. Den Eintrag können Sie dann machen. Der Kalender muß also Platz für eine Tageseinteilung und für erklärende Stichworte bieten.

Ältere Kinder machen die Einträge oft selbst – mal mit, mal ohne vorheriges Gespräch mit den Eltern. In manchen Familien schaut man sich den Plan täglich, in anderen einmal die Woche gemeinsam an. Hier müssen Sie und Ihr Kind die passende Vorgehensweise suchen und finden.

Für die Vorschulkinder oder Schulanfänger unter meinen Beratungskindern sieht die Praxis meist so aus, daß Eltern und Kind irgendwann gegen Abend kurz gemeinsam den Tag durchgehen und die Eltern die Ergebnisse im Beisein des Kindes eintragen.

Die spannendste Frage ist natürlich dann die Frage 3: **„Wie war die Nacht danach – naß oder trocken?“** Spätestens am nächsten Morgen wissen Ihr Kind und Sie die Antwort. Tragen Sie auch diese Antwort sofort in den Einnäßkalender ein. **Dieser Eintrag ist wichtig, damit Sie die Zusammenhänge zwischen den Ereignissen des Vortags und dem Geschehen in der Nacht danach herausfinden.**

Sie können hier mit Abkürzungen arbeiten (z.B. n = naß, tr = trocken), aber auch mit Symbolen (z.B. Regen, Wolken, Sonne, Farbpunkte).

Wie so ein Einnäßkalender aussehen kann, sehen Sie auf der nächsten Seite.

So kann ein Einnäßkalender aussehen

	Tages-Bewertung	Was war heute los?	Wie war die Nacht danach?
1	Belastungstag	Dicker Krach mit Papa	naß
2	Belastungstag	Dauernd Spannungen	naß
3	Belastungstag	Besseres Klima, Stimmung aber nicht okay	naß
4	Normaltag	War mit Freunden baden	trocken
5	Normaltag	Aufsatznote erfahren: „2“	trocken
6	Normaltag	Tante zu Besuch, darf lange aufbleiben	trocken
7	Normaltag	Kein Stunk, aber etwas langweilig	naß
8	Belastungstag	Seit dem Nachmittag ist ihm schlecht	naß
9	Belastungstag	Nach der 2. Schulstunde erbrochen, nach Hause	trocken
10	Belastungstag	Krank, beim Mittagsschlaf naß	naß
11	Belastungstag	Noch unwohl, Papa fragt, ob eine Klassenarbeit ansteht	naß
12	Normaltag	Es geht besser, Papa ist 2 Tage auf Lehrgang	naß
13	Normaltag	Fast gesund, Oma liest vor, Freund kommt zu Besuch	trocken
14	Normaltag	Bauen alten Spielzeugschrank um und spielen	trocken
15	Normaltag	Heute war Dorffest	trocken
16	Normaltag	Mit Papa und Onkel angeln gewesen	trocken

	Tages-Bewertung	Was war heute los?	Wie war die Nacht danach?
17	Normaltag	„Fand ich echt in Ordnung“	trocken
18	Normaltag	Ruhig, nichts vorgefallen	naß
19	Belastungstag	Alles beschissen, nennt keinen Grund	naß
20	Belastungstag	Ganz durcheinander, irgendwas mit dem Sportverein	naß
21	Belastungstag	Soll beim Spiel am Wochenende nicht eingesetzt werden	naß
22	Belastungstag	Jetzt auch noch Schreibetui verloren	naß
23	Belastungstag	Ganz schlechte Stimmng	naß
24	Belastungstag	Etui wieder da, aber sonst alles Mist	naß
25	Normaltag	Wurde im Training gelobt, von Papa Buch bekommen	naß
26	Normaltag	Nichts Besonderes	naß
27	Normaltag	Mit Nachbarn zum Grillen	trocken
28	Normaltag	Geht als Ersatzmann zum Spiel mit	trocken
29	Normaltag	Nichts Besonderes	trocken
30	Belastungstag	Lehrer spricht von geplanter Freizeit, „Angst“	naß
31	Normaltag	Altes Radio geschenkt bekommen	trocken

Und wie wertet man so etwas aus? Dieser Einnäßkalender zeigt einen Monat mit 31 Tagen und Nächten, die wir auswerten können. Unser Beispiel:

- Auf 14 Belastungstage folgten 13 nasse Nächte und 1 trockene Nacht
- Auf 17 Normaltage folgten 5 nasse Nächte und 12 trockene Nächte

Es lohnt sich, nun einmal die Belastungen näher unter die Lupe zu nehmen. Was alles verbirgt sich hinter diesem Wort „Belastung“?

Jetzt wird es spannend. Denn jetzt beginnt Ihre Detektiv-Arbeit: Jetzt geht es um das Aufspüren von Belastungs-Situationen im Tagesverlauf. Und die können von Kind zu Kind ganz unterschiedlich sein.

Am besten üben Sie das Aufspüren zuerst einmal, indem Sie nach etwas suchen, was sie leichter finden als die Belastungen – einfach, weil es auffälliger und nicht so versteckt ist und Ihnen deshalb eher auffällt.

Hier ist Ihre erste Detektiv-Aufgabe: Durch welche Besonderheiten zeichnen sich die Tage aus, nach denen Ihr Kind ganz selten, so gut wie nie, einnäßt?

Was macht einen Tag für Ihr Kind zum „Normaltag“?

Nach solchen Tagen sind die Nächte meist trocken:

- Tage in den Schulferien, auf der Freizeit, im Ferienlager, bei der Oma
- Tage in „o.k.-Zeiten“, ohne „Spinnen“, ohne Chaos in der Familie
- Tage, an denen das Kind sich und anderen etwas beweisen konnte
- Tage am Ende einer Krankheit, wenn alle einen verwöhnen, man nicht mehr richtig krank ist, aber noch all die Vorzüge des Krankseins genießen darf
- Tage, in denen der vermißte, auswärts berufstätige Vater zu Hause ist, von der Montage zurück ist, keine Nachtschicht schiebt
- Tage, an denen erlaubt wurde, die Nacht in Mamas Bett zu verbringen
- Tage, an denen man abends bei Freunden übernachten darf oder diese zum Übernachten kommen
- Tage, die mit Festen bis tief in die Nacht ausklingen
- Tage, an denen ein gefürchtetes Kind nicht im Kindergarten, nicht in der Schule oder beim Training war

(Nennungen aus Einnäßkalendern in der Häufigkeit des Auftretens)

Sie sehen: Normaltage, das sind alles Tage, an denen sich Angenehmes ereignete, dem Kind besondere Zuwendung und Aufmerksamkeit entgegengebracht worden war, es erfolgreich war oder Glück hatte.

Ich denke, nun ist Ihr Blick geschult, und Sie können mit dem zweiten Schritt Ihrer Detektiv-Arbeit beginnen.

Dann also Ihre zweite Detektiv-Aufgabe: Was sind die Ereignisse im Tagesverlauf, die Ihr Kind als belastend empfindet, und nach deren Auftreten es mit großer Wahrscheinlichkeit nachts einnäßt?

Was macht einen Tag für Ihr Kind zum „Belastungstag“?

Ein Blick in den Einnäßkalender läßt die belastenden Ereignisse bereits nach wenigen Wochen klar hervortreten.

Da Ihr Kind sich jeden Abend entscheidet, ob es einen „Belastungstag“ oder einen „Normaltag“ hinter sich hat, können Sie nun – aufgrund der Stichworte im Kalender – individuell herausfinden, was Ihr Kind als Belastung empfindet und was gerade ihm ganz besonders Kummer macht. **Jedes Kind hat seine eigenen Sorgen, aber dennoch läßt sich Allgemeines sagen.**

Nach solchen Tagen sind die Nächte meist naß:

- Belastungen können zum Beispiel durch die **Familiensituation** zustandekommen. Darunter fallen alle familiären Auseinandersetzungen – solche, an denen das Kind direkt beteiligt war genauso wie die, in die andere Familienmitglieder verwickelt waren, und bei denen das Kind nur Zuschauer oder Zuhörer war. Dazu gehört auch noch etwas ganz Leises, aber gar nicht so Seltenes: Das Gefühl des Kindes von Einsamkeit oder Isolation in der Familie. **Kummer im familiären Bereich ist übrigens der am häufigsten genannte Grund für einen Belastungstag.**

- Am zweithäufigsten werden Gründe für einen Belastungstag genannt, die den Eltern ganz selten bewußt sind und häufig in ihrer Bedeutung unterschätzt werden. Zum Beispiel spricht das Kind den **Alltag** an, weil es Schwierigkeiten bei der Bewältigung von Alltagsproblemen oder Ängste vor täglichen Anforderungen hat. Das Kind hat ein ungutes Gefühl im Bauch – aber die Eltern reagieren nicht, weil sie andere, für sie im Moment „wichtigere" Dinge im Kopf haben. Hand aufs Herz: Haben Sie das nicht auch schon einmal erlebt?
- Das bereits bei Kindern mit perfekter Blasen-Kontrolle beobachtete Phänomen, vor oder während einer Infektionskrankheit einzunässen, konnte auch für Kinder mit Enuresis voll bestätigt werden. **Krankheit**, körperliche Überanstrengung und körperliches Unwohlsein machen einen Tag oft zum Belastungstag mit häufig nassen Folgen.
- **Kameraden**, d.h. Probleme mit Freunden und Spielkameraden können belastend sein, ebenso die **Schule** – und zwar Probleme **mit** und **in** der Schule. Zwar können es Lern- und Leistungsprobleme sein, aber meistens sind es Schwierigkeiten des Kindes im Klassenverband, auf dem Schulweg oder in der Pause.

Finden Sie nicht auch, daß der Begriff „Belastungen" jetzt bereits viel griffiger geworden ist? Jetzt sehen Sie möglicherweise die alltägliche Lebenssituation Ihres Kindes schon viel klarer vor sich. Und das ist ungeheuer wichtig, damit Sie gezielt eingreifen und gegensteuern können.

Sicher verstehen Sie jetzt auch, daß viele Eltern – ganz ohne Kaffeesatz – bereits nach kurzer Zeit aus dem Kalender herauslesen können, auf welchen Tag höchstwahrscheinlich eine nasse oder eine trockene Nacht folgt.

Wenn Sie Ihre Detektiv-Arbeit jeden Tag ernstnehmen, dann bekommen Sie langsam aber sicher immer mehr Durchblick, und Ihre „Wettervorhersage" wird immer genauer. Denn Sie kennen jetzt die Gründe für nasse Nächte und wissen, auf welchen Tag voraussichtlich eine nasse Nacht folgt. Das ist wichtig für Sie – denn Sie wollen ja schließlich **aus Belastungstagen Normaltage machen – damit aus nassen Nächten trockene Nächte werden**.

Um das zu schaffen, müssen Sie erst einmal versuchen, die Zahl der täglichen Belastungen für Ihr Kind so niedrig wie möglich zu halten. Und zwar jeden Tag aufs Neue. Aber das können Sie natürlich nicht jeden Tag schaffen. Denn es gibt ja Belastungen, auf die Sie gar keinen Einfluß haben, z.B. auf die aus Kindergarten oder Schule.

Wenn Sie also am Abend merken „Das war ein Belastungstag – trotz aller Mühe, die ich mir gegeben habe“, dann gibt es einen wunderbaren „Kniff“, mit dem Sie auch diesen Tag noch retten können:

Versuchen Sie doch einfach mal, am Abend aus einem schon fast fertigen, rundum scheußlichen Belastungstag noch einen richtigen Normaltag zu machen, an dem das Positive vor dem Einschlafen überwiegt – einen Tag, der nächtliches Einnässen völlig unnötig macht. Viele Eltern haben schon festgestellt, daß am Abend noch lange nicht „aller Tage Abend“ sein muß, daß sie einen Belastungstag noch in einen Normaltag mit seinen trockenen Folgen umwandeln können.

Zum Beispiel so: Ein Abendspaziergang Hand in Hand, ein gemeinsam zubereitetes und genossenes Abendessen – vielleicht mit Kerzen, Musik oder einem für alle spannenden Spiel – ein Vorlesestündchen angekuschelt in der Sofaecke, ein Picknick in der Badewanne ... Sie haben sicher selbst genügend eigene Ideen, um eine „wunderwirkende“ Abendauskling- und Zubettgeh-Situation zu schaffen. Und Sie werden sehen: Die folgende Nacht kann trocken bleiben. Das ist dann die Belohnung für Ihren persönlichen Einsatz am Abend. Eine Belohnung, die der ganzen Familie gut tut.

So, bis jetzt haben wir uns überwiegend mit den nassen oder trockenen **Nächten** beschäftigt. „Aber es gibt doch auch tagnässende Kinder“, werden Sie sagen. Vielleicht haben Sie sogar eins. Lohnt es sich hier denn auch, nach etwas zu suchen, was im Zusammenhang mit dem **Tagnässen** steht? Kann man so auch die „Tagnässer“ wirkungsvoll unterstützen? Die Antwort ist: „Ja“. Und zwar ganz eindeutig.

Einnässen nachts im Schlaf, das kann man als Eltern gerade noch verstehen. Aber **Einnässen am Tag** – wenn das Kind hellwach ist, gerade noch gespielt oder gestritten hat – das verstehen die meisten Eltern beim besten Willen nicht mehr.

Kennen Sie diese Situationen?

„Da ist mir die Hand schon mal ausgerutscht. Ich hätte ***Oskar*** *die nasse Hose um die Ohren schlagen können. Da sitzt der doch am hellichten Tag in einer Zimmerecke und pinkelt mit offenen Augen in die Hose. Das Klo ist gerade mal 3 Meter entfernt!"*

„Da kann mir einer sagen, was er will, das macht ***Klara*** *mit Absicht. Das läuft immer nach dem gleichen Muster ab: Sie macht irgendeinen Quatsch, gehorcht nicht, spinnt rum, wir schimpfen sie aus oder verbieten ihr was. Dann zieht sie ab, hockt irgendwo rum, und man denkt, jetzt hat sie sich wieder eingekriegt – da macht sie uns doch tatsächlich aus Trotz in die Hose. Selbst wenn sie kurz vorher auf der Toilette war. Das ist doch eine Provokation! Sie muß doch merken, wenn es kommt. Wir glauben langsam: Die will sich an uns rächen!"*

Haben Sie an einer Stelle Ihr Kind oder sich selbst erkannt? Das Tagnässen macht besonders hilflos und deshalb auch so wütend. Am hellichten Tag läuft vor aller Augen ein Prozeß ab, von dem alle annehmen, daß er in diesem Alter und zumindest im wachen Zustand kontrollierbar sein müßte, also dem eigenen Willen unterliegt. Aber nein – es passiert.

Dazu ein paar Zahlen: 70% – 80% der einnässenden Kinder haben nachts mit ihrer Blasen-Kontrolle Probleme, ungefähr 20% sowohl am Tag als auch in der Nacht – und ungefähr 10% ausschließlich am Tag.

Bis vor wenigen Jahren wurden alle tagnässenden Kinder „über einen Kamm geschoren" – allein auf Grund der Tatsache, daß bei ihnen im Gegensatz zu den „Nachtnässern“ die Blasen-Kontrolle tagsüber nicht funktionsgerecht abläuft. Alle „Tagnässer“ wurden zu Patienten erklärt, und es wurden für alle gleichsam geltende Behandlungsmethoden erarbeitet.

Damit wurden alle Kinder unnötig drangsaliert (siehe Kapitel 7) – vor allem aber die, die überhaupt keine „Tagnässer“ waren. Nämlich alle die, bei denen das „Spieleifer-Nässen“ auftrat (Sie kennen es bereits aus Kapitel 2).

Das Spieleifer-Nässen ist kein echtes Einnässen. Zwar wird auch dabei die Hose naß, doch passiert das immer nur dann, wenn vor lauter Spielen und begeisternder Aktivität der Harndrang so lange nicht beachtet wird, bis es einfach zu spät ist. Das ist dann ein eben noch nicht ganz perfekter Umgang mit der Blasen-Kontrolle, der aber nur wenige Wochen, bei manchen Kindern sogar nur wenige Tage andauert.

Das Spieleifer-Nässen gehört zum Sauberwerden dazu. Das Kind muß ganz einfach noch lernen, daß seine Blase auch dann, wenn es gerade besonders gut mit anderen spielt oder etwas ganz Tolles macht, den Harn nicht länger halten kann als sonst auch – selbst wenn es trippelt, die Schenkel zusammenpreßt oder sich auf die Ferse setzt. Das haben Sie sicher alles schon beobachtet.

Das eigentliche **Tagnässen**, die **Enuresis diurna,** ist etwas ganz anderes. Das Ergebnis – die nasse Hose, der Fleck auf dem Stuhl, die Pfütze auf dem Boden – ist zwar immer dasselbe, doch auf dem Weg, auf dem es zum Einnässen kommt, gibt es wichtige Unterschiede. Und die verstehen wir am besten, wenn wir uns einmal die Vorgeschichte und den Ablauf eines Einnäßzwischenfalls anschauen.

Die Wissenschaft hat festgestellt:

- Das Tagnässen ereignet sich nur ausnahmsweise bei voller Blase. Oft liegt die letzte Harnabgabe gar nicht so lange zurück.
- In solchen Fällen hängt das Einnässen also nicht von der Füllung der Blase ab, sondern von den Erlebnissen des Kindes, die dem Einnäßzwischenfall oft wenige Minuten vorausgegangen sind.

- Negative Erlebnisse, Konflikte, Ärger, Kummer lösen hier die Harnabgabe aus – nicht eine volle Blase.
- In der Blase kommt das Kommando „Harn lassen“ an – obwohl die Blasenwand gar nicht stark gedehnt ist, und obwohl das Kind sicher auch weder die Situation noch die Zeit oder den Ort für günstig hält.
- Die Bezeichnung Konflikt-Nässen scheint für das Tagnässen geeignet.

Was ist Konflikt-Nässen?

Ein Protokollauszug aus dem Kindergarten:

***Moni** legt mit **Patrick** ein Puzzle. Das Puzzle ist fertig, Patrick steht auf und geht ins Freie. Moni schaut ihm am Boden sitzend nach und löst ihre Schnürsenkel aus den Schuhen. Sie steht auf und geht zur Toilette. Sie kommt ins Gruppenzimmer zurück, sieht sich an der Tür stehend um und läuft auf eine Kindergärtnerin zu. „Willst Du mir beim Kneteinsammeln helfen?“*

Moni kratzt zusammen mit der Erzieherin Knetreste von den Schutzunterlagen. Die Erzieherin trägt die Knetreste hinaus. Moni legt die Schutzunterlagen auf den Boden und ordnet sie nach Farben. Moni steht auf, holt sich ein Buch und beginnt es anzuschauen. Moni klappt das Buch zu. Sie legt sich mit dem Rücken auf den Boden, lutscht am rechten Daumen und dreht mit den Fingern der linken Hand Löckchen in ihr Haar.

*Die Kindergärtnerin kommt zu ihr, spricht sie an und liest ihr aus dem Buch vor. Moni steht nach 2 Seiten auf und geht weg, ohne auf die Fragen der Erzieherin zu reagieren. Sie geht ins Freie und setzt sich zu **Patrick**, **Manuel** und **Philipp** in den Sand. Die zeigen ihr den Au-*

totunnel und geben ihr ein Auto. Sie fährt ein Stück, legt das Auto beiseite und steht auf.

Sie geht zur Schaukel und schaukelt, dann springt sie ab und läuft zu ***Clara*** *und* ***Sven****, die über das Gras kriechen. „Du kannst Dich hinten anschließen, wir sind eine Riesenschlange.“ Moni geht nach hinten, kriecht hinter Clara und Sven her, läßt sich auf Sven fallen, der nicht reagiert. Moni krabbelt nach vorn, stößt Clara zur Seite, tritt nach ihr und schreit: „Ich bin der Kopf!“ – „Quatsch, Du bist doch doof, geh da weg, geh nach hinten!“ ruft Clara, und Sven schiebt Moni weg.*

Sie schüttelt ihn ab, schimpft und rennt weg. Sie geht zur Fensterbank, setzt sich drauf und nuckelt am Daumen. Moni läßt sich zu Boden gleiten, kauert dort und starrt ins Leere. Unter ihr auf dem Asphalt entsteht ein nasser Fleck. Sie bleibt gekauert sitzen, steht dann auf und geht ins Haus.

Viele Einnäß-Situationen laufen nach diesem Muster ab. Deshalb stelle ich Ihnen jetzt einen typischen Verlauf des Konflikt-Nässens verallgemeinert dar:

Sehr häufig geht dem Einnässen ein unruhiger Spiel- oder Aktivitätsverlauf voraus. Gar nicht selten ist das Kind sogar erst vor kurzem auf der Toilette gewesen oder hatte bereits schon einmal in die Hose gemacht. Aber dann kommt es zu einem Konflikt mit Freunden, Geschwistern, Eltern oder Erziehern – oder auch nur zu einer mißlungenen Aktion. Wut, Kummer und Tränen sind die Folge. Das Kind wirkt unruhig, unterbricht seine bisherigen Aktivitäten und jeden Kontakt mit anderen. Es zieht sich zurück, verharrt oft irgendwo mit leerem Blick – und näßt in dieser selbstgewählten Isolation ein. So kommt es zum typischen Konflikt-Nässen – im Gegensatz zum Spieleifer-Nässen.

Was ist Spieleifer-Nässen?

Ein Protokollauszug aus dem Kindergarten:

***Konrad** und **Melanie** frühstücken zusammen. Im Anschluß gehen sie gemeinsam zur Bücherecke und holen sich zwei Bücher und eine Praktikantin. Zu dritt schauen sie Bilderbücher an. Die Kinder orientieren sich an den Bildern und erzählen Teile der Geschichte frei. In einem der Bilderbücher sammeln Jungen und Mädchen Äpfel in einen Korb. Hierdurch angeregt kommt Melanie auf die Idee, aus Knete Körbe mit Obst zu formen. Konrad holt die Knetunterlagen und die Knetdose. Beide Kinder knien sich auf die Sitzfläche ihrer Stühle und beginnen zu kneten. Konrad wippt wiederholt auf den Knien. Die Kinder unterhalten sich und erzählen dazwischen immer wieder an der Bilderbuchgeschichte weiter. Konrad summt beim Kneten ein Lied vom Sommerfest. Abrupt unterbricht er das Lied, steigt vom Stuhl und schaut an sich hinunter. Er greift mit der Hand an die Innenseite des Oberschenkels und läuft auf den Flur zur Toilette. Nach einiger Zeit kommt er mit einer neuen Hose bekleidet in den Gruppenraum zurück.*

Wenn Sie diese beiden Kindergarten-Protokolle vergleichen, sehen Sie: Spieleifer-Nässen ist etwas ganz anderes als Konflikt-Nässen. **Denn das Konflikt-Nässen hat immer eine Vorgeschichte.** Bei „Tagnässern" genauso wie bei „Nachtnässern".

- Beim Nachtnässen sind es die Ereignisse am Vortag.
- Beim Tagnässen sind es die Vorkommnisse oft wenige Minuten vor dem Einnässen.

Durch diese vorhergehenden Ereignisse kommen wir den besonderen Belastungen des Kindes auf die Spur. Und gerade diese „**Vor-Belastungen**" sind es, die immer wieder zu diesen Einnäß-Zwischenfällen führen – oft nachts und häufig auch tagsüber.

Aber leider wird nicht jedes Tagnässen durch einen sofort und gut erkennbaren Konflikt ausgelöst – vor allem, wenn es schon lange andauert. Doch es gibt Situationen, die sich wiederholen – Situationen, die vor dem Einnässen darauf hinweisen, wo im Tagesablauf und im sozialen Miteinander Hürden für Ihr Kind liegen. Hürden, die Sie ihm ersparen oder ihm überwinden helfen können. Dann wird auch das Tagnässen seltener und hört mit der Zeit auf (mehr dazu in Kapitel 8).

Eins ist allerdings klar: Hier geht es nicht um organische Störungen. „Blase & Co“ müssen nicht mit Medikamenten behandelt werden.

Doch warum reagiert denn überhaupt die Blase mit einer Entleerung auf Belastungen oder Kummer, sei es am Tag oder in der Nacht? Warum sagt sie – in ihrer speziellen „Sprechblasen-Sprache“ – daß erst vor kurzem oder im Laufe des Tages etwas mächtig schief gelaufen ist?

Diese Fragen beantworten zu können, wäre doch prima. Die Antwort würde ja vielleicht auch folgendes Phänomen erklären: Längst nicht alle Menschen – noch nicht mal alle Kinder – machen in die Hose oder ins Bett, wenn's vorher Schwierigkeiten gab. Es sind zwar unter den Kindern relativ viele, die noch recht lange so reagieren. Aber – bezogen auf die Probleme, die wir Menschen so haben – sind ziemlich viele Menschen trocken.

Warum das so ist, das weiß noch niemand genau. Man glaubt jedoch inzwischen einige Voraussetzungen zu kennen, wo diese „**Sprechblase**“ ihren Ursprung haben könnte – also die Blase, die durch Harnlassen sagt, was ihr am Vortag oder kurz vorher nicht gepaßt hat.

Ganz wesentlich scheint es – nach allem, was wir bisher über das Einnässen wissen – zu sein, daß es irgendwann in der Entwicklungsgeschichte auf irgendeine Weise zu einer Verbindung zwischen Kummer und Harnabgabe gekommen sein muß. Und zwar durch einen Lernprozeß. Wir wissen nämlich aus der Lernpsychologie, daß besonders **die** Lernprozesse am stabilsten sind, die belohnt werden – auf deren Durchführung hin etwas passiert, was wir als **Belohnung**, als gut, angenehm oder beruhigend empfinden.

Aber wie kann dann die Verbindung zwischen Kummer und Harnabgabe entstehen? Harnabgabe führt ja eigentlich nicht zu einer Belohnung. Oder doch? Ja, vielleicht muß die Verbindung nur durch etwas Belohnendes gefestigt worden sein. Harnabgaben müssen im Verlauf der Entwicklungsgeschichte mehrmals – nicht nur einmal – Kummer beseitigt haben. Es wurde also gelernt: Eine Harnabgabe schafft Kummer weg und Wohlgefühl herbei.

Spätestens jetzt höre ich viele von Ihnen rufen: „Was soll denn das heißen? Das Einnässen schafft doch gerade Kummer und höchstes Unwohlsein! Wenn es überhaupt etwas nach sich zieht, dann Ärger oder Strafe – aber doch nie eine Belohnung!“

Halt, darf ich Sie noch ganz kurz bremsen? Sie sprechen mit Recht von der Situation heute – vom einnässenden Kind mit 6, 7, 8 oder noch mehr Jahren. Da haben Sie sicher recht. Jetzt greift die Sache nicht mehr so richtig, doch das muß irgendwann mal anders gewesen sein.

Ich will versuchen, Ihnen kurz die Entstehungsgeschichte des Ganzen darzustellen – und die liegt viel weiter zurück und verlief unter ganz anderen Bedingungen als das Einnässen eines hierfür inzwischen zu großen Kindes.

Werfen wir zum besseren Verstehen einen Blick zurück (ausführlich in Kapitel 1): Ein Säugling hat 20 bis 30 Harnabgaben am Tag. Schon rein rechnerisch wird es ganz häufig so sein, daß auf das Pinkeln des Kindes zufällig ein Wickeln der Eltern folgte. Nun ist das Wickeln ja ein intensiver Pflegeakt mit vielen Möglichkeiten zum Blickkontakt zwischen Mutter und Kind oder Vater und Kind. Das Wickeln mit seinem ganzen Beiprogramm bietet auch optimale Möglichkeiten zum Schmusen und Anschmiegen – eine Zeit zärtlichen Körperkontakts. Alleinsein, Langeweile, Unruhe, Unwohlsein sind plötzlich wie weggeblasen.

Die wesentlichen Voraussetzungen für diesen speziellen Verknüpfungsprozeß (Kummer – Harnlassen – Zuwendung bekommen) sind unter gewissen Umständen bereits gegeben – und zwar,

- wenn ein Säugling z.B. besonders viel **Zuwendung** braucht, viel mehr, öfter und länger als seine Geschwister (solche Kinder gibt es, gerade unter den einnässenden – wir nennen sie die Sensiblen)
- wenn ein Säugling, aus welchen Gründen auch immer, vielleicht ganz unbewußt, tatsächlich zu wenig Zuwendung erhält

- wenn alle Zuwendung vielleicht zu stark, ja fast ausschließlich auf die Zeit während des Wickelns konzentriert ist.

Sobald beim Kind der Wunsch nach Zuwendung groß ist – was bei Kummer immer der Fall ist – wird unbewußt die Harnabgabe ausgelöst, da auf sie „erfahrungsgemäß“ Zuwendung folgt – und genau diese ja vom Kind in genau dieser Situation gebraucht wird.

Unter normalen Bedingungen ist es sehr vernünftig und ausgesprochen sinnvoll, sein Verhalten aufgrund gemachter Erfahrungen zu verändern. Darauf basiert ja unsere ganze Pädagogik. Doch kann es dabei auch „Pannen“ geben, so daß ein „ganz verrücktes Lernergebnis“ zustandekommt. Wir kennen das: Wird ein Säugling, immer wenn er schreit, gestillt oder gefüttert – egal, ob er Hunger hat, sich einsam fühlt, Angst oder Langeweile hat – dann kann er lernen, später mal jedes unwohle Gefühl mit Nahrungsaufnahme zu beantworten. Daß es noch andere Möglichkeiten gibt, hat er nämlich nicht gelernt.

Genau diese Zusammenhänge vermutet man auch beim einnässenden Kind. Da – aus welchen individuellen Gründen des Kindes oder seiner Eltern auch immer – sein starker Wunsch nach Zuwendung nicht auf dem üblichen Wege direkt befriedigt wird, lernt das Kind, wie es über einen Umweg (das Pinkeln) dennoch Zuwendung erhält.

So hat ein einnässendes Kind auf den ersten Blick zwar ein falsches Verhalten gelernt, nämlich nach Belastungen und Kummer einzunässen. Doch sobald man die Anfänge seiner Lernphase mitberücksichtigt, hat es tatsächlich einmal die Harnabgabe als eine recht regelmäßig mit Zuwendung belohnte Aktivität kennengelernt – und setzt sie nun natürlich unbewußt ein.

Im Sinne von „Besser so Zuwendung holen als gar nicht“ wird ein ursprünglich nicht dafür vorgesehener Weg zur Kummer-Beseitigung eingeschlagen. Das klappt deshalb, weil dieser Weg anfangs die begehrte Zuwendung bringt.

Je älter ein Kind wird, umso negativer empfindet es die Begleiterscheinungen des Einnässens. Der Kummer wird stärker, das Bedürfnis nach Zuwendung wird größer – und schon wird wieder eingenäßt. Und zwar, um Zuwendung zu bekommen. Entweder nachts, wenn sich im Schlaf die Spannung des Tages löst, oder tagsüber, wenn der Ärger über die Situation nachgelassen hat und das Kind jetzt Trost braucht.

Und was passiert jetzt? Diese Verknüpfung (Kummer – Harnlassen – Zuwendung) hat zur Folge, daß der Kummer zwar – wie bei allen Kindern – den Wunsch verstärkt, daß eine geliebte Person als Rettung zur Stelle ist, daß er aber gleichzeitig das Kommando gibt, die Blase zu entleeren. Und die Blase ist leider oft schneller leer, als die Zuwendung da ist.

Das heißt: **Sie als Eltern müssen** das Schema „Kummer – Pinkeln – Zuwendung“ einfach durchbrechen und **ein neues Prinzip einführen**: „**Kummer – Zuwendung – kein Pinkeln**“.

Entsinnen Sie sich noch an Kapitel 5, in dem wir uns gefragt haben, wer denn eigentlich bei der ganzen Sache nicht oder noch nicht richtig funktioniert?

Da haben wir die Nieren, die Blase, die ableitenden Harnwege, die versorgende Muskulatur, die Kommandozentrale im Gehirn und den Willen des Kindes für mögliche „Täter“ gehalten. Aber wir haben nicht daran gedacht, daß Kummer-Situationen den starken Wunsch nach Zuwendung und Hilfe auslösen können, der dann ohne jede „Befugnis“ das Kommando zur Harnabgabe am falschen Ort und zur falschen Zeit gibt. Nur, weil das Kind ganz früher mal erfahren hatte, daß auf Harnabgabe hin recht oft und recht zuverlässig jemand kam, der durch sein liebevolles Verhalten jeden Kummer wegzauberte – das Alleinsein, das Naßliegen, das Hungrigsein, das Angsthaben und das Langeweilehaben.

Diese alte Erfahrung – und zu wenige neuartige, gute Erfahrungen – lassen den Wunsch nach Zuwendung und Hilfe in Kummer-Situationen immer noch das falsche Notsignal verwenden. Selbst wenn es schon lange nicht mehr funktioniert – wenn nämlich das Pinkeln keine liebevolle Zuwendung mehr auslöst, sondern nur noch „Zoff“.

Vor diesem Hintergrund wird auch verständlich, warum das Problem „Einnässen“ gerade in schlechten Waisenhäusern und Heimen überdurchschnittlich häufig auftritt.

Für diese Überlegung sprechen auch die folgenden Beobachtungen:

- Beim Älterwerden – also beim vollständigen Ausreifen aller Funktionen der kontrollierten Harnabgabe – darf jetzt nicht mehr „irgendjemand“, auch nicht der Wunsch nach Zuwendung, einfach in die Aufgaben der Kommandobrücke reinpfuschen (das Einnässen hört irgendwann spontan auf).
- Mit Erreichen der Pubertät endet das Einnässen meist fast schlagartig. Unter den Menschen über 16 Jahren nässen weniger als 1% ein. Spätestens in diesem Alter haben junge Menschen vielfältige Möglichkeiten gefunden, ihren Wunsch nach Zuwendung und Anerkennung notfalls auch „außer Haus“ bei Freunden zu befriedigen. Neue gut funktionierende Erfahrungen lassen das inzwischen uralte Notsignal endlich unnötig werden.
- Schon lange vor den Pubertäts-Erfahrungen wird dieser „alte, nasse Umweg, Zuwendung zu erhalten“ nicht oder viel weniger benutzt – und zwar an Tagen, an denen das Kind nicht auf Zuwendung warten muß und mit seinem Kummer nicht alleingelassen wird, sondern sofort Schmuser, Helfer, Bestätiger oder Freunde da sind.
- Das Notsignal „Pinkeln“ verliert seine Bedeutung immer mehr und wird schließlich nicht mehr eingesetzt – und zwar, sobald die Eltern dieses falsche Notsignal nicht mehr beachten und stattdessen in Belastungs-Situationen auf alle echten Signale für das Bedürfnis nach Zuwendung, Kontakt und Hilfe achten und entsprechend reagieren.

Kapitel 6: Das Wichtigste in Kürze

- Das Einnässen in der Nacht, aber auch das Tagnässen stehen in einem engen Zusammenhang mit dem Erleben und Befinden des Kindes.
- Auf „Belastungstage" folgen meist nasse Nächte, auf „Normaltage" überwiegend trockene Nächte.
- Mit Ihrem persönlichen „Einnäßkalender" finden Sie heraus, was Ihr Kind als Belastung empfindet und auf welche Belastungen seine Blase mit Einnässen reagiert.
- „Tagnässen" und „Nachtnässen" haben gemeinsam, daß die Blase auf vorherige Konflikte reagiert:
  - Einer nassen Nacht geht in den meisten Fällen ein belastungsreicher Tag voraus
  - Es sind oft Auseinandersetzungen und Konflikte, die tagsüber zu einer nassen Hose führen, viel seltener ist eine volle Blase der Grund.
- Im Gegensatz zum Konflikt-Nässen ist das Spieleifer-Nässen kein echtes Einnässen, es gehört zum Sauberwerden dazu.

7

Kleine „Märchenstunde“ – damit Ihnen niemand Märchen erzählen kann

In diesem Kapitel erfahren Sie, ...

- warum die Blase bei den meisten Kindern keine Schuld am Einnässen hat
- warum – falls Sie schon alles versucht haben – das Richtige wahrscheinlich nicht dabei war
- daß Ihr Kind weder aus Gleichgültigkeit, noch aus Trotz oder gar aus Bösartigkeit einnäßt
- warum Vererbung nicht Schicksal bedeutet

Warum sage ich Ihnen das?

Eins meiner Hobbys ist, die in den vergangenen Jahrhunderten vermuteten Einnäßursachen und die jeweils aktuellen Behandlungen gegen das Einnässen zu sammeln. Damit will ich Ihnen zeigen, wieviel Aberglaube dabei früher im Spiel war – und oft heute noch ist. Und Sie sollen sehen, zu welchen abwegigen Maßnahmen Eltern fähig sind, wenn sie vor lauter Verzweiflung nicht mehr ein noch aus wissen.

Wahre Schauermärchen: Einnäßbehandlungen vom alten Rom bis heute

Hier eine kleine Kostprobe: Im antiken Rom versuchte man das Bettnässen durch die Verabreichung gekochter Mäuse zu kurieren. Einige Jahrhunderte später sollte die Einnahme von Zecken zusammen mit dem Urin beschnittener Schweine das Bettnässen abwenden – oder das Trinken des Suds ausgekochter Vogelnester oder das Einatmen des Rauchs verbrannter Mäuseschwänze.

In vielen Regionen Deutschlands ließ man Bettnässer in das offene Grab eines Verwandten pinkeln, am besten um Mitternacht. Oder man brachte (eindeutig nachgewiesen bis in die 70er Jahre unseres Jahrhunderts!) einnässende Kinder bei Vollmond nachts auf den Friedhof und holte sie erst nach einer Stunde des Alleinseins dort wieder ab (bis dahin hat sich wahrscheinlich jedes Kind längst vor Angst in die Hose gemacht).

Auch in den christlichen Gottesdienst sind Bettnässer-Rituale bis zum heutigen Tag eingebaut. Aus Baden ist bekannt, daß der Bettnässer noch in der Nachkriegszeit während der Wandlung in der Christmette seinen Fehler laut in die Kirche hineinrufen und wiederum laut alle Anwesenden um ihre Fürbitte beim Heiligen Veit anflehen mußte, dem oft mit einem Töpfchen abgebildeten Patron der Bettnässer.

In der Schweiz waren Umzüge lärmender und vermummter Bettnässer beim Weihnachtsgottesdienst die Regel. Dort steht auch ein „Bettsaierchäppili“, eine Kapelle, in der noch heute speziell für Bettnässer gebetet wird.

Manche familiären „Einnäßbeseitigungs-Versuche“, die ich in meiner Beratung kennengelernt habe, sind gar nicht so weit von all dem entfernt.
Hier einige Beispiele:

- Bei einem Bettnässer durften keine Blumenvasen und kein Aquarium im Zimmer stehen, weil „Wasser Wasser anzieht“
- Einige Kinder mußten tagsüber die nasse Hose von nachts tragen, um sich „daran“ zu erinnern
- Ein Kind mußte den ganzen nächsten Tag mit nacktem Hintern durch die Wohnung laufen, um sich besser auf das Pinkeln konzentrieren zu können
- Die nasse Matratze wurde zur Straße hin ans Fenster gestellt, damit Passanten sie sehen konnten – nach dem Motto: „Nur Scham bereitet dem Einnässen ein Ende“
- Mehrere Kinder mußten vor allem Brot, Bisquit, Kartoffeln und trockenes Hühnerfleisch essen, damit die Nahrung die Flüssigkeit aus dem Körper aufnehmen konnte
- In manchen Familien darf abends kein Fisch gegessen werden, „weil der ja nachts schwimmen will“
- Ein durch einen Matratzenkeil hochgestelltes Fußteil im Bett sollte in vielen Familien das Auslaufen der Blase verhindern
- Trockenerbsen unter dem Leintuch hatten die Aufgabe, das Kind auszutrocknen
- Eine Bürste im Bett sollte Tiefschlaf verhindern
- Ein Kind mußte am Abend Kaffee trinken, um nicht zu fest zu schlafen und den Harndrang nicht zu verpassen
- Mit zwei Kindern wurde beim Zubettgehen nicht mehr gesprochen, damit sich ihre Blase nicht angesprochen fühlt
- Ein Pflaster auf der Öffnung der Harnröhre sollte das Einnässen verhindern

So abenteuerlich diese Beispiele klingen – so deutlich machen sie aber auch, wie ratlos und verzweifelt Eltern oft sein müssen, daß sie zu solchen Mitteln greifen.

Eins meiner Anliegen ist, das Kind von all dem Aberglauben und den Märchen zu befreien, die sich um sein Einnässen ranken. Und dazu gehört nicht zuletzt, die mehr oder weniger gut in Therapiemäntelchen versteckten Bestrafungen zu entlarven, die das ohnehin schon schlimme Einnässen zu einer noch größeren Belastung für das Kind werden lassen.

Märchen 1: „Wecken und Trinkverbot – die guten Geister gegen die böse ‚Blase & Co'"

Diese Geschichte ist schon deshalb ein Märchen, weil bei den meisten Kindern „Blase & Co" (Sie kennen sie bereits aus Kapitel 5) nicht ursächlich am Einnässen schuld sind. Mit anderen Worten: Die Nieren, die Blase, die ableitenden Harnwege, die am Geschehen beteiligten Muskeln und Nerven sind fast immer funktionsbereit und arbeiten fehlerfrei.

Man glaubte – und handelte auch jahrzehntelang danach – daß die Enuretiker-Blase zu klein, zu schwach sei, zuviel Harn produziere und den Harndrang nicht melden könne.

Doch heute wissen wir, daß die allermeisten einnässenden Kinder

- keine kleinere Blase als andere Kinder haben, und das Einnässen zudem völlig unabhängig von der Blasengröße stattfindet
- auch keine schwächere, sensiblere Blase als andere Kinder haben
- nachts nicht mehr Urin produzieren als andere Kinder
- kein schlechteres Harndrangsignal und keinen tieferen Schlaf als andere Kinder ihres Alters haben

Ohne also anders ausgestattet zu sein, nässen sie trotzdem mitunter oder sogar regelmäßig ein.

Obwohl nur in Ausnahmefällen einer dieser Punkte für das Einnässen mitverantwortlich gemacht werden kann, sind auch heute noch nahezu alle Maßnahmen und Therapie-Versuche an diesen inzwischen ausgemusterten oder selten zutreffenden Ursachen orientiert, z.B. an der nicht existierenden „zu kleinen“ Blase.

Egal, ob das Kind zu den wenigen Altersgenossen gehört, bei denen einer dieser Punkte zutrifft, oder zu den vielen, bei denen diese Punkte nicht zutreffen, wird leider viel zu oft das ganze eingefahrene Therapie-Programm ausprobiert, das auf die Blase abzielt: Vom Trinkverbot über nächtliches Wecken bis zum Blasentraining. Das ist zwar sehr wenig erfolgreich, aber es ist mit um so mehr Terror, Einschränkung und grenzenloser Enttäuschung verbunden. Und, wie wir inzwischen ja wissen, sind es gerade diese Negativerlebnisse, die das Einnässen noch fördern. Das heißt also: Die auf die Organe ausgerichteten Behandlungen sind eher dazu geeignet, das Einnässen zu verschlimmern, als es zu beheben.

Märchen 2:
„Kleine Blasen laufen über – große Blasen halten dicht“

In vielen Gesprächen über das Einnässen werden Sie immer noch der Vorstellung begegnen, daß einnässende Kinder ganz einfach eine zu kleine Blase hätten, und daß deren geringe Speicherkapazität der Grund für den unkontrollierten Harnabgang sei. „Die Blase läuft über, weil sie zu wenig Flüssigkeit aufnehmen kann“, bekommen Sie als Erklärung genannt.

Das aber stimmt ganz einfach nicht. Die Blasen einnässender Kinder sind im Durchschnitt nicht kleiner als Blasen nicht einnässender Kinder. In der Gruppe der „nassen“ Kinder gibt es die gleiche Verteilung von großen, mittleren und kleinen Blasen wie in der Gruppe der „trockenen“ Kinder. Eine für sein Alter große oder kleine Blase zu haben, ist nicht der Grund einzunässen – und genau so wenig der Grund, nicht einzunässen.

Daß die **Blasengröße** unwesentlich ist, sehen Sie allein schon daran, daß das Einnässen meist gar nicht dann passiert, wenn die Blase voll ist. Einnässen bei voller Blase ist sogar eher die Ausnahme. Das „Überlaufen" der vollen Blase ist typisch für kleine Kinder, bei denen die Blasen-Kontrolle noch nicht perfekt ausgereift ist. Solchen Kindern passiert es beim Spielen dann schon mal, daß sie vor lauter Spielbegeisterung das Signal Harndrang zu wenig beachten (siehe Kapitel 2) und ihre Blase dann irgendwann tatsächlich überläuft.

Im Gegensatz dazu ist der Zeitpunkt für das Einnässen eines 5 oder 6 Jahre alten oder noch älteren Kindes in den meisten Fällen ganz unabhängig von der momentanen Füllung der Blase. Selbst mit nur wenigen Tropfen – kurz nach einem Toilettengang oder sogar kurz nach dem letzten Einnässen – kann es erneut zu einem nassen Zwischenfall kommen.

Die Wissenschaft hat festgestellt:

- Über 80% der nächtlichen Einnäßvorfälle ereignen sich in den ersten Stunden nach dem Zubettgehen und somit vor Mitternacht. 70% passieren bereits innerhalb der ersten zwei Stunden im Bett, wenn sich die Blase seit dem letzten Toilettengang noch gar nicht wieder gefüllt haben kann.
- Oder noch auffälliger beim Konfliktnässen am Tag: Hier können die Einnäßereignisse weniger als eine Stunde auseinanderliegen, machmal sogar im Halb-Stunden-Rhythmus erfolgen – und soviel Urin (bzw. so wenig) muß selbst die kleinste Blase fassen.

Eine – auf welchem Wege auch immer – versuchte Vergrößerung der Blasenkapazität, z.B. durch Medikamente, Blasenstretching oder Verminderung der Blasenfüllmenge (durch Trinkverbot und nächtliches Wecken), kann das Einnäßproblem nicht lösen. Diese Maßnahmen können nur eins: die Alltagsprobleme für das Kind noch vergrößern. Denn auch Kinder mit großen Blasen nässen ein, wie auch Kinder mit kaum gefüllter Blase – und zwar immer dann, wenn sie Gründe zum Einnässen haben.

Kennen Sie diese Situation?

Mit ***Karolin*** *wurde über Wochen hinweg ein* ***kombiniertes Blasentraining*** *durchgeführt, beginnend mit dem sogenannten* ***Blasenstretching*** *(oder RCT = retention control training). Dieses Verfahren hat seinen Namen vom englischen Wort „to stretch“ = dehnen. Durch möglichst viel Flüssigkeits-Ansammlung sollte ihre „zu kleine“ Blase gedehnt werden, größer gemacht werden. Hierzu sollte Karolin, sobald sie Harndrang verspürte, nicht sofort zur Toilette gehen, sondern die Harnabgabe so lange wie möglich hinausschieben. Diese Wartezeit wurde mit einer Uhr kontrolliert und von Tag zu Tag verlängert. Zuerst eine Minute warten, dann zwei, bis sie den Harn schließlich fünf oder gar zehn Minuten zurückhalten konnte.*

Nach einigen Tagen folgte ein neuer Programmpunkt: Nun mußte Karolin den ganzen Tag über alle 30 Minuten zur Toilette gehen und jedes Mal versuchen, etwas Harn zu lassen. Als nächstes waren dann beide Programmpunkte im täglichen Wechsel vorgesehen. Ein Tag mit Toilettengängen in 30minütigem Abstand, am nächsten Tag möglichst langes Anhalten, möglichst selten zur Toilette.

Ob Karolins Blase dadurch wirklich größer und ihre Blasenmuskulatur besser trainiert worden wären, das Einnässen dadurch gestoppt worden wäre, weiß niemand, da es zu diesem Trainingsteil nie kam. Inzwischen näßte Karolin nämlich schlimmer ein als je zuvor.

Aber nicht nur die Blase war durcheinander, sondern vor allem das Kind und auch der Rest der Familie. „Bei uns hat sich alles nur noch um die Blase und um die Uhr gedreht. Anfangs gab es dauernd Krach, am Schluß haben eigentlich alle nur noch aus Verzweiflung geheult. Zum Glück fiel uns dann doch noch ein, daß wir ja eigentlich ein Kind und nicht nur eine Blase bei uns am Tisch oder auf dem Sofa sitzen hatten.“

Viele Kinder mit „zu kleiner“ Blase haben derartige Programme über sich ergehen lassen müssen, bis endlich erkannt wurde, daß, wenn dieses Rückhaltetraining die Blase überhaupt stretchen kann – was inzwischen längst umstritten ist – noch lange keine Verbesserung beim Einnässen zu erwarten ist.

Man kann nur hoffen, daß das Rückhaltetraining bald aus allen Kinderarzt-Praxen verschwindet. Denn immer wieder reagieren Kinder mit einer Harnverweigerung, die ihre Gesundheit gefährdet. Wahrscheinlich ist das ein Protest des Kindes auf diesen Toiletten-Terror, der außerdem auch oft sehr schwierige pädagogische Situationen in bezug auf den sowieso schon heikelsten Punkt in der Familie zur Folge hat.

Während das Blasenstretching eine Zeit lang die Empfehlung von Spezialisten war und nur an einigen wenigen Kindern ausprobiert wurde, sind nächtliches **Wecken** und das **Trinkverbot** die gängigsten Versuche, das Einnässen abzustellen. Jede Familie, die zu mir in die Beratung gekommen ist, hatte vorher mindestens eine dieser beiden Maßnahmen versucht. Ohne Ausnahme.

Vor allem die ältere Generation, Großmütter und Schwiegermütter, rät zu Wecken und Flüssigkeits-Kontrolle – übrigens auch schon als Unterstützung beim Sauberwerden mit 1 oder 2 Jahren, wo diese Maßnahmen mindestens genauso unangebracht sind wie später.

Ohne den Großmüttern und Schwiegermüttern zu nahe treten zu wollen, ohne ihre Verdienste bei der Betreuung ihrer Enkel schmälern zu wollen, muß ich ganz sachlich feststellen: Solche (gut gemeinten) Ratschläge haben einen negativen Einfluß auf die Sauberkeits-Erziehung junger Familien.

Im Kapitel 3 haben Sie erfahren, daß unter den Kindern mit massiven Einnäßproblemen überdurchschnittlich viele sind, mit denen besonders früh eine Sauberkeits-Erziehung (mit Wecken und Flüssigkeits-Kontrolle) versucht worden ist. Weitere Untersuchungen ergaben, daß für den frühen Starttermin und für diese speziellen Methoden der Sauberkeits-Erziehung in über 70% der Fälle der Einfluß der Großmütter verantwortlich ist.

Mit Wecken und Trinkverbot glaubt man, am System drehen zu können, „Mutter Natur" selbst überlisten zu können, bevor man zum Arzt geht oder sonstige Hilfe sucht. Der Leitgedanke dabei ist die Vorstellung, daß eine durch Flüssigkeit weniger belastete Blase auch weniger Fehler machen kann.

Wecken und Flüssigkeits-Einschränkung sind dann die Maßnahmen, mit denen die angeblich „überforderte“ Blase entlastet werden soll.

Ich kann es ganz kurz machen: **Flüssigkeits-Einschränkung in den Nachmittags-Stunden, Trinkverbot am Abend, abendliches Wecken, nächtliches Abhalten nützen nichts gegen Einnässen. Sie schaden nur – und zwar auf vielfältige Weise**.

Die Maßnahme ...	... und ihre Folgen
• Flüssigkeits-Einschränkung in den Nachmittags-Stunden • Trinkverbot am Abend	• Das Kind fühlt sich dauernd beobachtet und kontrolliert • Es leidet unter Durst • Es fühlt sich ungerecht behandelt und bestraft • Es hat, besonders im Sommer und bei körperlicher Aktivität, schnell Flüssigkeits-Mangel – und das gefährdet seine Gesundheit • Es wird gezwungen, seine Eltern zu hintergehen • Es versteht das Trinkverbot als Zuwendungs-Entzug • Seine Belastungen werden verstärkt – und damit das Einnässen nur noch gefördert
• Abendliches Wecken • Nächtliches Wecken	• Der kindliche Schlaf-Rhythmus wird gestört • Das Kind schläft bei mehrmaligem Wecken pro Nacht immer schlechter, ihm ist nachts übel, und morgens ist es unausgeschlafen • Bei regelmäßigem Wecken wird ein nächtlicher Harnabgabe-Zeitpunkt andressiert – ins Klo, aber genauso gut ins Bett • Beim Abhalten im Schlaf wird Einnässen ohne Aufwachen angelernt • Die kindlichen Belastungen werden verstärkt – und damit das Einnässen gefördert

Kennen Sie diese Situationen?

„Ich verstehe die Welt nicht mehr! Seit Wochen führe ich Buch über die Trinkmenge von **Ellen**. *Jeden Tag ab 14 Uhr. Ich habe gelernt, welche Salate und Obstsorten die geringste Flüssigkeitsmenge haben. Zum Abendessen bekommt Ellen ein Likörgläschen voll Sprudel, und beim Zähneputzen im Bad bin ich immer rein zufällig dabei, damit sie nicht heimlich aus dem Wasserhahn trinken kann. Aber jede Nacht ist sie naß. Jetzt war ich mit meinem Mann für 3 Tage auf der Buchmesse, und eine Freundin von mir hat Ellen versorgt. Die hat mir allerdings erklärt, sie betreue Ellen gern, aber den Regenzauber mache sie nicht mit. Da könne sie nichts Gutes dran finden. Und die Moral von der Geschicht': Ellen war alle drei Nächte trocken. Bei uns jetzt übrigens auch schon fast 4 Nächte pro Woche – und das bereits über einen Monat, mit einer Flasche Sprudel am Bett. Wir sind geheilt worden. Gott sei Dank war es noch nicht zu spät".*

„Seit wir in den Ferien bei der Oma waren und diese uns ins Gewissen geredet hat, wecken wir **Thorsten** *jeden Abend, bevor wir ins Bett gehen. Das ist so gegen 22:30 Uhr. Thorsten schläft dann schon seit über 2 Stunden. Am Anfang haben wir ihn immer geweckt und zum Klo geführt, doch er hat ein Mordstheater gemacht, sich sogar zweimal wegen seiner Aufregung übergeben müssen. Jetzt lassen wir ihn schlafen. Mein Mann trägt ihn ins Bad und setzt ihn schlafend aufs Klo. Meistens kommt was. Morgens ist er trotzdem meist naß. Wir haben festgestellt, daß immer, wenn wir Gäste haben oder selbst erst später heimkommen oder ein guter Film etwas länger geht, wir also später als üblich ins Bett gehen, er dann immer schon ins Bett gemacht hat, offensichtlich ganz pünktlich."*

Oft fällt es uns leichter, an Beispielen anderer – mit Abstand sozusagen – Auffälligkeiten zu entdecken, auf die wir im eigenen Bereich erst später, erst auf Anregung von außen stoßen. Niemand würde den Unterschenkel eingipsen, wenn der Oberarm gebrochen ist. Doch beim Einnässen verhalten wir uns genau so: wir doktern an der völlig gesunden Blase rum und ignorieren deutliche Zusammenhänge zwischen dem Einnässen und dem Erleben und Verarbeiten eines Kindes.

Strenge und schon gesundheitsschädliche Trinkverbote, für alle gleichermaßen mörderische Weckrhythmen und straffes Blasentraining, das jedem Kasernenhof Ehre machen würde, können sich in der verzweifelten Situation einer Familie mit einem einnässenden Kind erschreckend lange halten.

Da kommt man nur raus, wenn man den Mut hat, mal völlig neu über die Sache nachzudenken, sich einzugestehen, daß die ganzen Maßnahmen nichts nützen, eher sogar schaden. Wer es schafft, sich davon frei zu machen, kann neu zu denken beginnen – nach dem Motto: **„Unser Kopf ist rund, damit das Denken die Richtung ändern kann“**.

> *„Aber dann gibt es doch gar nichts mehr, was wir tun können. Wir können doch nicht dabeistehen, die Hände in den Schoß legen und auf die Pubertät hoffen, in der angeblich sogar das schlimmste Einnässen aufhören soll.“*

Das sollen Sie auch nicht, Kapitel 5 hat Ihnen bereits den richtigen Weg vorskizziert – und das nächste Kapitel wird Ihnen Ihren neuen, jetzt erfolgreichen Einsatz genau erklären.

Märchen 3: „Schwache Blasen sind leicht zu irritieren“

Keine gesunde Blase ist zu schwach, um ihre Funktionen zu erfüllen. Doch das von Nerven gesteuerte Zusammenspiel zwischen dem Blasen-Schließmuskel und der Muskulatur der Blasenwand – Sie erinnern sich an unser Luftballon-Beispiel – kann fehlerhaft sein. Und es kann – muß aber nicht – einer kontrollierten Harnentleerung im Wege stehen. Das ist allerdings nur bei wenigen Kindern der Fall – übrigens bei einigen einnässenden genauso wie bei einigen nicht einnässenden Kindern.

Diese Fehlfunktion läßt sich aber recht schnell, problem- und schmerzlos erkennen oder ausschließen. Die Tatsache, daß dieses gestörte Muskelzusammenspiel (**Sphinkter-Detrusor-Dyskoordination** genannt) auch bei „trockenen" Kindern vorkommt, zeigt, daß es kein Grund zum Einnässen ist – und somit auch keine Einnäßursache, mit deren Bekämpfung man das Einnässen abstellen kann.

Einem routinierten Kinderarzt reichen oft bereits die Beobachtung **einer** Harnabgabe, einige gezielte Fragen, ein 24-Stunden-Harnabgabe-Protokoll und die Auswertung einer Uroflowsitzung, um sich Klarheit zu verschaffen (Sie erinnern sich: Uroflow ist das Spezialklo, das den im Klo-Becken auftreffenden Harnstrahl mißt und analysiert).

Sollte sich das Vorliegen einer Sphinkter-Detrusor-Dyskoordination bestätigen, so kann diese medikamentös oder durch ein ganz neues Verfahren, das Biofeedback, angegangen werden.

Und was meint der Kinderarzt damit, wenn er vom Biofeedback-Verfahren spricht?

- Darunter versteht er mehrere unterschiedliche Techniken, die körpereigene Aktivitäten aufzeichnen, verstärken und für den Patienten in visuelle (zu sehende) oder akustische (zu hörende) Signale umsetzen, so daß er den Ablauf seiner Körperprozesse auf einem Monitor oder über Kopfhörer verfolgen kann.
- Hat der Patient den bislang fehlerhaften Verlauf vor Augen oder im Ohr und weiß, wie dieser richtig auszusehen hätte, so kann er nach einiger Übungszeit auf körpereigene Prozesse, wie z.B. in unserem Fall auf die Harnabgabe, Einfluß nehmen lernen und deren Ablauf selbst aktiv kontrollieren und verändern.

Ob das leicht zu irritierende Zusammenspiel der Muskeln dann tatsächlich die Ursache für das Einnässen war, weiß man erst, wenn es nach derartigen Übungen aufhört. Aber ob es dann ein organisches Problem gewesen ist, das durch selbstkontrollierende Übungen beseitigt wurde, oder ob es eine eher psychisch bedingte (psychosomatische) Enuresis war, die allein durch die nun ernsthafte Beschäftigung mit dem Problem, durch neuartige Zuwendung und Erfolgs-Erlebnisse geheilt wurde – das weiß man dann immer noch nicht.

10 bis 20% aller einnässenden Kinder werden allein dadurch trocken, daß jemand mit ihnen oder für sie einen Einnäßkalender führt, sich ihnen und ihrem Problem offensichtlich zuwendet. Denn wohlgemerkt: Blasenmuskulatur-Fehlfunktionen treten bei einnässenden Kindern nicht häufiger auf als bei Kindern ohne Schwierigkeiten bei der Blasen-Kontrolle. Sie müssen also nicht die Ursache für ein Einnässen sein.

Märchen 4: „Die Hormone sind an allem schuld“

Ein vergleichbares Problem – genaugenommen ebenfalls zur Inkontinenz und nicht zur Enuresis zählend – liegt dann vor, wenn bei einnässenden Kindern ein Fehler im Hormon-Haushalt festgestellt wird (den Unterschied zwischen Enuresis und Inkontinenz können Sie nochmal auf S. 64 nachlesen).

Ein Hormon, das unter anderem die Aufgabe hat, den Wasserhaushalt im Körper tagsüber und nachts unterschiedlich zu regulieren, ist nachts noch in zu geringer Konzentration vorhanden. Eine kleine Gruppe unter den einnässenden Kindern hat dieses Problem. Diese Gruppe ist durch spezifische Untersuchungen schnell identifizierbar. Der Hormon-Mangel läßt sich durch Gabe eines künstlich hergestellten Ersatzstoffes ausgleichen.

Und was meint der Kinderarzt damit, wenn er von einer fehlerhaften Sekretion des antidiuretischen Hormons spricht?

- Das antidiuretische Hormon, abgekürzt ADH oder auch Vasopressin genannt, wird von einer Hormondrüse im Gehirn, der Hypophyse gebildet.
- Normalerweise, bei einem ausgereiften Hormonhaushalt, wird nachts mehr ADH produziert als tagsüber. Dieser Tag-Nacht-Rhythmus der Hormon-Produktion hängt mit dessen Aufgabe zusammen, nachts die Urin-Produktion abzusenken.
- Bei einem kleinen Teil der einnässenden Kinder wird von der Hypophyse zu wenig ADH ausgeschüttet, um die nächtliche Urin-Produktion zu drosseln. Die Blase läuft also mehrmals voll – und falls das Kind nicht aufwacht und die Toilette aufsucht, geht alles ins Bett.
- Ein künstlich hergestellter Ersatzstoff für das ADH (Desmopressin) kann hier abhelfen. Er wird kurz vor dem Schlafengehen in die Nase gesprüht und normalisiert für etwa 8 Stunden den Hormonspiegel, so daß die nächtliche Urinproduktion abgesenkt wird.
- Das Präparat kann nur ganz gesunden Kindern gegeben werden. Eine sorgfältige Voruntersuchung ist nötig. Die Verabreichung in Form eines Nasensprays und die Aufnahme der wirksamen Substanzen über die Nasenschleimhaut schließen Kinder mit chronischen Erkältungskrankheiten oder Schleimhaut-Allergien aus.

Ein Hinweis: Kinder, die mit dem antidiuretischen Hormon Schwierigkeiten haben, können nur in der Gruppe **der** Einnässer versteckt sein, die jede Nacht bei voller Blase einnässen und tagsüber immer trocken sind.

Für alle einnässenden Kinder und für einen langfristigen Einsatz ist das Medikament mit Sicherheit nicht geeignet. Empfehlenswert ist es, wenn einige todsicher trockene Nächte für das Kind und sein Selbstbewußtsein wichtig sind – z.B. für problemlose Außerhaus-Übernachtungen, angstfreie Landschulheim-Aufenthalte oder ähnliche Unternehmungen frei von Sorgen.

Märchen 5: „Wer zu tief schläft, der macht ins Bett“

Hier haben wir zwei „Evergreens“ unter den Einnäßursachen vor uns: den tiefen Schlaf und den – aus welchen Gründen auch immer – nicht wahrgenommenen Harndrang.

Kennen Sie diese Situation?

Fast jede Nacht liegt ***Alexander*** *gegen 23 Uhr in seinem nassen, kalten Bett. Bis zum Kopfkissen ist alles durchnäßt. Doch er schläft wie ein Murmeltier. Wenn seine Mutter versucht, ihn zu wecken, um ihn zur Toilette zu schicken und in der Zeit das Bett neu zu beziehen, dann ist das ein hoffnungsloses Unterfangen. Trotz Ansprechen, Berühren, ja Schütteln wird Alexander nicht wach. Das Höchste der Gefühle ist, daß er sich brummend auf die andere Seite wirft und weiterschläft. Manchmal setzen die Eltern gemeinsam den schlafenden Alexander auf einen Stuhl, bis das Bett wieder gerichtet ist, und ziehen ihm trockene Sachen an, während er in aller Seelenruhe weiterschläft.*

Hier scheint die Einnäßursache auf der Hand zu liegen: Alexander schläft zu tief, er ist kaum weckbar. Wie soll er dann durch den vergleichsweise schwachen Harndrang aufwachen?

Jedoch: Obwohl hier auf den ersten Blick alles klar zu sein scheint, führt auch diese Ursachen-Forschung auf die falsche Fährte. Das sogenannte **Tiefschlaf-Phänomen** ist als Einnäßgrund eindeutig widerlegt. Einnässende Kinder haben nämlich kein krankhaftes Schlafprofil. Das heißt: Alexander würde das Bett auch naß machen, wenn er weniger tief schliefe.

Die Wissenschaft hat festgestellt:

- Es gibt keinen Unterschied in der Verteilung der Schlafstadien bei einnässenden und bei nicht einnässenden Kindern. Beide Gruppen haben dasselbe Schlafprofil.
- Das Einnässen kann in allen Schlafstadien vorkommen, vom leichten bis zum tiefen Schlaf – und sogar, wenn auch selten, in Traumphasen.
- Eine schwere Weckbarkeit einnässender Kinder wird häufig beobachtet. Aber das muß noch lange nicht heißen, daß das Kind einnäßt, weil es so tief schläft. Denn:
- Die allermeisten Kinder sind nachts schwer zu wecken. Doch alle einschlägigen Erfahrungen stammen natürlich vom Wecken einnässender Kinder. Denn wer weckt schon ohne Grund ein trockenes Kind? „Trockene“ Kinder sind genauso schwer zu wecken wie „nasse“. Aber weil immer nur die „nassen“ Kinder geweckt werden, denken viele, der tiefe Schlaf sei die Ursache fürs Einnässen.
- Die schwere Weckbarkeit braucht auch nicht am besonders tiefen Schlaf zu liegen. Genausogut kann die fehlende Motivation des Kindes der Grund sein, aus der entspannten Situation des Schlafens in die oft belastende Wirklichkeit eines nassen Bettes aufzutauchen.

In diesem Zusammenhang möchte ich Sie noch auf ein **Antidepressivum** (Tofranil) hinweisen, das von Mitte der 60er Jahre bis Anfang der 90er Jahre als Mittel gegen Einnässen angesehen wurde. Es wurde zur Stimmungsaufhellung der als depressiv gestimmt und belastet wirkenden Kinder eingesetzt, sollte aber auch gleichzeitig so auf ihr Schlafprofil wirken, daß weniger für das Einnässen „gefährliche“ Tiefschlafphasen vorkämen. Außerdem sollte es die „zu kleine“ Blase vergrößern und den Schließmuskel verstärken.

Die geringe Wirksamkeit nach Absetzen des Medikaments – verbunden mit teils schweren Nebenwirkungen (Angstzustände, Aggressivität und Depression) – und vor allem die massive Kritik am Einsatz von Psychopharmaka (und hierzu gehört ein Antidepressivum) bei Kindern haben dieses Mittel zu Recht aus der Mode gebracht.

Immer wieder wird vermutet, daß bei einnässenden Kindern das Körpersignal „Harndrang“, das normalerweise bei einer vollen Blase auftritt, im Schlaf nicht wahrgenommen wird – entweder weil es noch unzureichend entwickelt ist oder vom Kind einfach nicht beachtet wird.

Vor diesem Hintergrund entstand die Idee, das Einnässen dadurch zu heilen, daß das Kind den Harndrang der vollen Blase wahrzunehmen lernt und auf sein Auftreten hin richtig reagiert – nämlich aufwacht, aufsteht und zur Toilette geht. Dazu wird das unbeachtete oder unzureichende „innere Körpersignal“ (Harndrang) durch ein daran angekoppeltes „äußeres Signal“ (Weckton einer Klingelmatratze) verstärkt.

Und was meint der Kinderarzt damit, wenn er vorschlägt, es mit einer Klingelmatratze oder Klingelhose zu versuchen?

- Er will mit einem speziellen Lernapparat, der Klingelhose oder Klingelmatratze, eine sogenannte **Konditionierungs-Behandlung** durchführen.
- Die Klingelhose hat einen kleinen Sensor, der in der Nähe des Harnröhren-Ausgangs in die Windel oder Unterhose gesteckt wird. Über ein dünnes Kabel ist der Sensor mit einem Signal verbunden, das wie eine kleine Brosche an das Oberteil des Schlafanzuges geheftet wird.
- Die Klingelmatratze ist eine dünne, plastikbeschichtete Metallfolie, die in Pohöhe unter das Leintuch gelegt wird. Auch hier gibt es ein Signal.
- Beide Geräte arbeiten nach demselben Prinzip: Bereits die ersten Urintropfen lösen einen Signalton aus, d. h. es klingelt plötzlich laut, das Kind erschrickt und zieht schnell den Blasen-Schließmuskel zusammen. Die Harnabgabe wird unterbrochen.

- Die Idee ist folgende: da die Blase nur überläuft, wenn sie auch übervoll ist, klingelt das Gerät immer zu dem Zeitpunkt, wenn der Harndrang besonders stark ist. Im Laufe der Zeit lernt das Kind das Körpergefühl Harndrang kennen und beachten, da es immer dann zu spüren ist, wenn der unangenehme Signalton es weckt. Bald ist der Ton nicht mehr nötig, um nachts aufzuwachen. Das Kind wacht nun bereits vom Harndrang allein auf, bevor die ersten Tropfen austreten und der Signalton loslegt, und kann rechtzeitig zur Toilette gehen.
- Konditionierungs-Behandlungen sind aufwendig. Sie müssen erfahrungsgemäß mindestens 8 bis 12 Wochen lang durchgeführt werden. Sie verlangen vom Kind und von den Eltern eine hohe Mitmachbereitschaft und ein gutes Durchhaltevermögen – trotz massiver Schlafstörungen. Die Rate der vorzeitigen Behandlungs-Abbrüche ist hoch.
- Leider ist auch der Erfolg nur begrenzt: Neben einigen Heilungen werden immer wieder hohe Rückfallquoten gemeldet.

Von der theoretischen Idee her ist die Klingelmatratze eine tolle Erfindung. In der Praxis ist sie aber leider nur für ganz wenige Kinder eine dauerhafte Hilfe. Ganz aufmerksamen Leserinnen und Lesern wird aufgefallen sein, daß im Zusammenhang mit Klingelhose oder Klingelmatratze immer vom Harndranggefühl bei voller oder gar übervoller Blase die Rede war, das durch den Signalton verstärkt werden und dadurch Aufmerksamkeit erhalten sollte.

Doch wie soll der Lernprozeß klappen, wenn ein einnässendes Kind bei den ersten Tropfen zwar lautstark geweckt wird, aber in diesem Moment gar keinen Harndrang empfindet, weil seine Blase zum Einnäßzeitpunkt überhaupt nicht voll ist? Es liegt kein Körpersignal vor, das als Signal für richtiges Handeln gelernt werden könnte. Hier liegt der Hund begraben – das ist einer der Gründe für die unbefriedigende Erfolgsrate einer insgesamt sehr stressigen Behandlungs-Methode.

Nur Kinder, die mit voller Blase einnässen – und das ist die Minderheit, wie wir gesehen haben – haben bei der Konditionierungs-Behandlung eine echte Chance.

Märchen 6:
Die Geschichte vom „gleichgültig einnässenden Kind“

Das könnte eigentlich mit wenigen Worten geschehen: Ich habe in meiner jahrelangen Arbeit mit einnässenden Kindern kein einziges kennengelernt, bei dem ich nach einer mehrstündigen Beobachtung oder nach einem Gespräch mit ihm auch nur den leisen Verdacht gehabt hätte, es stünde seinem Einnässen gleichgültig gegenüber.

Doch dieser Punkt ist mir so wichtig, daß ich ihn mit einigen handfesten Beweisen belegen möchte.

Kennen Sie diese Situationen?

*„Für uns alle ist das Einnässen von **Lisa** ein Thema. Kein Tag vergeht, kein Familientreffen, ohne daß über „Lisas Problem“ gesprochen und beraten wird. Wie gesagt, für alle ist es ein Thema, nur nicht für Lisa. Als ob es nicht ihre Blase wäre, die naß macht und ihre Hose oder ihr Bett, das naß wird. Fräulein Lisa ist das alles egal. Nach einer nassen Nacht steht sie auf, verzieht keine Miene, sagt keinen Ton, kein Wort der Entschuldigung, zeigt keine Anzeichen von Bestürzung. Beim Frühstück ist sie dann womöglich noch maulfaul oder aber gleich provozierend frech.“*

*„Es kann ja nur Gleichgültigkeit sein, wenn man schon so groß ist und sich trotzdem so oft nachts naß macht – aber keineswegs immer, sonst könnte man ja noch zu **Ollis** Gunsten eine Krankheit annehmen“.*

„Es kann ja nur Gleichgültigkeit sein, wenn ein Kind sieht, wie die Mutter sich mit dem Bett und der Wäsche abrackert, sich vor allen Verwandten schämt, und es dennoch die meisten Nächte reinmacht. Oder es ist Böswilligkeit. Das trau' ich ***Katinka*** *inzwischen sogar zu."*

„Es muß schon eine ganz wurstige Gleichgültigkeit vorliegen, wenn man weiß, daß bei allen Kameraden die Blasen-Kontrolle seit Jahren kein Thema mehr ist, man selbst aber bei keiner Außerhaus-Übernachtung dabeisein kann, weil man sich auch nicht ein einziges Mal zusammennehmen kann, wie zum Beispiel unser Herr Sohn."

Einnässende Kinder – egal, ob sie 5 oder 15 Jahre alt sind – sind hochmotiviert, ihr Problem loszuwerden. Nichts hätten sie lieber, als tagsüber und nachts trocken zu sein, wie alle anderen auf die Toilette zu gehen und – ebenfalls wie alle anderen – nie mehr an ihre Blase denken zu müssen.

Nach jeder trockenen Nacht schöpfen sie trotz Mißtrauen und Bangen Hoffnung. Jetzt wird fieberhaft überlegt, was genau sie gestern Besonderes gemacht haben oder ausnahmsweise unterlassen haben, weil hier irgendwo im Tagesablauf der Erfolgsschlüssel versteckt sein könnte. Genau das ist der richtige Ansatz (siehe Kapitel 6). Aber jetzt kommt es darauf an, nicht an Äußerlichkeiten hängen zu bleiben. Ich kenne Einnäßkinder, die sich in einer Phase trockener Nächte nicht trauen, etwas Neues anzuziehen oder etwas anderes als am „erfolgreichen" Vortag zu essen.

Umgekehrt ist jede nasse Nacht ein erneuter Schlag ins Gesicht. Hoffnungslosigkeit kommt auf, und – was besonders schlimm ist – die Verzweiflung greift auf ganz andere, vom Einnässen völlig unabhängige Bereiche über.

*„Manchmal habe ich den Eindruck, mein Urin fließt in mein ganzes Leben und beschmutzt es." (****Mia****, 13 Jahre)*

*„Morgens aufwachen ist für mich das Schlimmste, was es gibt. Meine Freunde erzählen mir immer, wie toll es ist, am Wochenende oder in den Ferien auszuschlafen. Dann holen sie sich ein Schoki, kriechen nochmal ins gemütliche Bett und lesen bis zum Abwinken. Aber wenn ich aufwache, ist das erste, was mir einfällt, mein Defekt: Bin ich naß, ist es nur die Hose, oder ist es das ganze Bett? Nichts wie raus! In den Morgen ist hineingepißt, der Tag ist gelaufen. Und außerdem bin ich für alle, nicht nur für mich, der Stimmungskiller am Frühstückstisch.“ (**Tilman**, 11 Jahre)*

Das waren jetzt zwei Beispiele von vielen. Aber so oder ähnlich äußern sich alle „nassen“ Kinder. Von **Gleichgültigkeit** keine Spur. Das meiste, was Eltern auf das Konto „Gleichgültigkeit“ buchen, paßt überhaupt nicht ins Bild der Gleichgültigkeit: Zu verstummen, wenn die Sprache aufs Thema kommt, rot anzulaufen, sich zu genieren, sich grenzenlos zu schämen. Oder sofort anzufangen zu weinen oder zu toben, wenn das Einnässen vor anderen angesprochen wird.

Was nach außen hin wie Gleichgültigkeit aussehen mag, das entpuppt sich beim genauen Hinsehen als Verzweiflung und Schutzmantel. Das Kind hat aus Angst vor weiteren Verletzungen dichtgemacht, sich in sein Schneckenhaus zurückgezogen. Es läßt sich nichts mehr anmerken, selbst nicht seine tiefe Betroffenheit über den erneut zweifelsfrei vorgefundenen Mißerfolg, über das nicht zu übersehende „Versagen“.

Sicher ist Ihnen schon aufgefallen, daß viele dieser Kinder, die auf alles, was mit der Blasen-Kontrolle zusammenhängt, scheinbar so emotionslos reagieren, in anderen Bereichen einen extrem großen Ehrgeiz an den Tag legen – zumindest noch in den ersten Jahren einer Enuresis. Sie sind z.B. überdurchschnittlich gut in der Schule, fordern sich im Sport hohe Leistungen ab und setzen sich bei verschiedenartigsten Aufgaben oft extrem weitgesteckte, keineswegs altersgemäße Ziele. Ich kann das eigentlich nur als Versuch verstehen, sich selbst und vor allem den Eltern beweisen zu wollen, nicht auf allen Gebieten eine Null, ein hoffnungsloser Versager zu sein.

Wäre ihnen das Einnässen gleichgültig, würden sie nicht solche Kompensations-Versuche unternehmen, um Lob und familiäre Anerkennung zu bekommen oder wenigstens in diesem Bereich Aufmerksamkeit zu erregen.

Es gibt sogar Kinder, die in gefährlicher Eigenregie ihre Medikamenten-Dosis erhöhen oder in Trinkstreik treten, um endlich über ihre Schwäche zu siegen. Sie versuchen mit allen nur erdenklichen Mitteln nicht einzuschlafen, um ja nicht – vom Schlaf überrascht – einzunässen. Der Wunsch nach einem trockenen Bett wird ins Abendgebet aufgenommen, steht auf der Wunschliste für das Christkind. **All das hat mit Gleichgültigkeit wirklich nichts zu tun**.

Eltern können auch ganz schlecht damit umgehen, wenn sie hinter dem Einnässen Trotz und Provokation vermuten.

„Warum macht ***Charlotte*** *nur bei uns zu Hause in die Hose? Warum zieht sie ihre Ich-muß-nicht-Show und das ganze Theater mit dem Nicht-zur-Toilette-Gehen immer dann ab, wenn sie sich vernachlässigt fühlt oder nicht alles nach ihrem Kopf läuft? Wenn mir das mal jemand erklären könnte! Im Kindergarten klappt's doch, oder wenn sie bei Freundinnen eingeladen ist, oder wenn sie mit dem Papa auf Tour geht. Dann ist die Hose nie naß. Und das soll ich nicht auf mich beziehen? Das kann doch nur gegen mich gerichtet sein."*

Dieser Mutter nun zu erklären, daß die „Sprechblase" (Sie kennen sie aus Kapitel 6) genau das sagt, was Charlottes Mutter als Vorwurf formuliert – nämlich, daß Charlotte sich zu Hause einsam, nicht verstanden, zu wenig geschätzt fühlt, sich nach Zuwendung und Akzeptanz sehnt – das ist übrigens in der Beratungssituation gar nicht so einfach. Doch genau hier liegt der Knackpunkt. Solche Signale müssen verstanden werden, damit sich etwas ändern kann. Und: Signale müssen aufrütteln! Denn sie signalisieren große Not. Leider werden die Signale von den Eltern oft mißverstanden – als Trotz, Böswilligkeit oder Provokation.

Beim Einnässen gibt es aber wirklich nichts, was auch nur irgendeine Strafe verdient. Aber für das Einnässen werden Kinder geschlagen und sogar mißhandelt – körperlich und seelisch. Und das, obwohl gerade diese Kinder nur eins brauchen: **Die Hilfe und positive Zuwendung der Erwachsenen**.

Sie werden sagen: „Das haben wir nie gemacht. Klar war ich mal wütend, hab' ihm die Hose um die Ohren geschlagen, aber das ist etwas anderes.“ Oder: „ Gestraft haben wir Laura nie, enttäuscht bin ich halt immer und sehr traurig. Das merkt sie schon.“ Aber denken Sie doch mal über Folgendes nach: Es ist doch schon eine Strafe,

- nicht durchschlafen zu dürfen
- nichts trinken zu dürfen, wenn man Durst hat
- den ganzen Tag lang seinen Fehler vorgehalten zu bekommen
- Windeln anziehen zu müssen, wenn man groß ist
- keine Windeln anziehen zu dürfen, wenn diese einem Sicherheit geben
- nachts sein Bett neu beziehen zu müssen
- die Enttäuschung der Eltern zu spüren

Märchen 7: „Wenn's die Gene sind, ist nichts zu machen“

Was soll das bitte heißen? Wenn einer der Eltern oder womöglich bcidc als Kind eingenäßt haben, hat dann die nächste Generation keine Chance, dem nassen Bett zu entgehen?

Dieser Angst begegne ich in den letzten Jahren immer häufiger, seit Forschungs-Ergebnisse aufzeigten, daß das Einnässen erblich bedingt sein kann. Die Wissenschaft ist weit davon entfernt, ein für Enuresis zuständiges Gen gefunden zu haben. Niemand weiß, ob es das überhaupt gibt. Es wurde zunächst einmal nur festgestellt, daß ein ehemals selbst einnässender Vater für sein Kind das Risiko vergrößert, daß dieses ebenfalls einnässen wird.

Und was heißt das nun wiederum? Einige dieser Väter können eine genetische Veranlagung in dieser Richtung weitergeben. Aber nicht das Einnässen wird weitervererbt – so einfach ist die **Genetik** nicht. Weitervererbt wird die individuelle Entwicklungs- und Reifungsgeschwindigkeit, auch die des Harnabgabe-Systems, die Erregbarkeit auf körpereigene Signale (wie z.B. den Harndrang), die Reaktion auf bestimmte Erziehungs-Stile (z.B. auf spezielle Stile der **Sauberkeits-Erziehung**).

Und auch die generelle Lernfähigkeit eines Individuums kann weitervererbt werden. Es wird überlegt, ob Kinder mit einer genetisch bedingten Neigung einzunässen auf seelische Konflikte und Belastungen bevorzugt mit Einnässen reagieren. Doch auch das wäre kein unabdingbares Schicksal. Selbst wenn es eine genetische Veranlagung gibt, auf Belastungen und seelische Konflikte mit Einnässen zu reagieren, so kann dennoch etwas gegen Konflikte und Belastungen unternommen werden. Es können Strategien zu ihrer Überwindung erlernt werden, so daß es nicht zum Einnässen kommen muß.

Ich sehe in der einschlägigen Vorgeschichte der Eltern eine viel größere Einnäßgefahr auf die Kinder zukommen, als das genetische Risiko allein darstellt. Eltern, von denen einer oder beide in ihrer Kindheit und Jugend selbst Einnässer waren, fallen durch ein ganz charakteristisches Verhalten auf. Ihre eigene Leidensgeschichte bringt oft zwei extreme Erziehungs-Konsequenzen mit sich, beide – trotz aller Gegensätzlichkeit – mit dem gemeinsamen Ziel, ihrem Kind die früher am eigenen Körper erfahrene Pein zu ersparen:

Entweder: Die Kinder erfahren überhaupt keine Sauberkeits-Erziehung, auch keine Anregungen oder Nachahmungs-Möglichkeiten, um ja nicht „die schlimme Dressur und Tortur, die ihre Eltern erlitten haben, erleben zu müssen". Bei allem Verständnis für dieses Verhalten droht hier ein Erfahrungs-Entzug in Sachen zwanglose Toiletten-Benutzung (siehe die Anfangskapitel).

Oder: Die andere extreme Erziehungshaltung ist dadurch gekennzeichnet, daß die durch ihre Vorgeschichte tief verunsicherten Eltern mit ihren Kindern möglichst früh, möglichst konsequent und oft äußerst rigide Sauberkeit einstudieren wollen. Alles, um ja nicht die bei ihren Eltern vermuteten Erziehungsfehler in Form von Versäumnissen, Nachlässigkeiten oder Verwöhnung zu wiederholen. Hier droht die bereits erwähnte Erhöhung des Einnäßrisikos durch fehlerhafte und belastende Sauberkeits-Erziehung.

Kapitel 7: Das Wichtigste in Kürze

- Die auf Nieren und Blase gerichteten Behandlungen tragen eher dazu bei, die Enuresis zu verschlimmern, als sie zu beheben.
- Und solche Behandlungen sind ganz einfach nicht die richtigen gegen das Einnässen:
  - Flüssigkeits-Einschränkung am Nachmittag
  - Trinkverbot am Abend
  - Abendliches und nächtliches Wecken
  - Trainingsschritte und Medikation zur Blasenvergrößerung
  - Antidepressiva
- Denn die Blase ist weder zu klein noch zu schwach, noch unzureichend verschlossen. Die Stimmung des Kindes soll nicht „von außen" aufgehellt werden, sondern „von innen" – durch Vergrößerung seines Selbstbewußtseins und Wohlbefindens.

8

Ihr neuer Weg ins Trockene: Welche Schritte führen zum Erfolg?

In diesem Kapitel erfahren Sie, ...

- warum das Abstellen eines Warnlämpchens noch lange keine Reparatur ist
- wie Sie auf neuen Wegen trocken zum Ziel kommen – und welche Weichen Sie dafür stellen müssen
- warum Sie einen neuen Job übernehmen müssen, wenn Sie Ihre alten Probleme loswerden wollen
- wer für die Blase Ihres Kindes zuständig ist – und wer für seine Sorgen
- wie sie auf dem „Kriegsschauplatz Einnässen“ Frieden schaffen können
- wie Sie gewinnen können, weil Sie nichts zu verlieren haben

Warum sage ich Ihnen das?

- Damit es Ihnen leichter fällt, Ihrem Kind zu helfen.
- Damit Sie erkennen können, wie Sie Schritt für Schritt dem Ziel „Kein Grund zum Einnässen mehr vorhanden“ näher kommen können.
- Und damit Sie genau wissen, weshalb Sie ab jetzt den Mut haben müssen, mit Ihrem Kind neue Wege zu gehen – weg von noch mehr Belastungen und hin zum Erfolg.

Nicht das Signal ausschalten – sondern den Defekt reparieren

Mit Hilfe eines Bildes kann man oft klarer sehen. Stellen Sie sich einmal vor, Sie fahren nach einem langen Arbeitstag auf einer einsamen Landstraße. Es ist dunkel und hat zu regnen begonnen. Eigentlich wollten Sie schon vor Stunden zu Hause sein. Aber es kam so viel dazwischen, und im Nu war Ihr ganzer Terminplan über den Haufen geworfen. Beim Routineblick über das Armaturenbrett stellen Sie plötzlich fest, daß ein rotes Warnlämpchen aufleuchtet. Das hat Ihnen gerade noch gefehlt!

Wie würden Sie sich in einer derartigen Situation verhalten?

1. Möglichkeit: Anhalten, die Sicherung zur Beleuchtung der Armaturen herausnehmen (wobei auch das Alarmlämpchen erlischt), weiterfahren und hoffen, daß alles gut geht, bis Sie zu Hause sind. Und morgen ist morgen, da wird man dann weitersehen.

2. Möglichkeit: Anhalten, Handschuhfach öffnen, Betriebsanleitung lesen, Ursache für Alarmlämpchen identifizieren, „Aha, es fehlt Öl!“, aussteigen, Ölstand prüfen. „Oh je!“ Aus dem Kofferraum eine Reservedose Motorenöl holen, Motorhaube öffnen, Öl auffüllen, Ölstand nochmals prüfen, beruhigt wieder einsteigen und starten. Das rote Alarmlämpchen bleibt aus. Sie fahren naß, aber in aller Ruhe nach Hause.

Wahrscheinlich würden die meisten von Ihnen die zweite Möglichkeit wählen und die erste als äußerst kurzsichtig ablehnen. Wer kommt schon auf eine derartige Idee? So kann das Problem doch gar nicht gelöst werden. Das ist Augenwischerei und kann obendrein den Motor kosten. Mit dem Ausschalten des Warnlämpchens wird schließlich nur das Signal ausgeschaltet, nicht aber die Ursache (der Ölmangel) beseitigt.

Warum tauchen vergleichbare Gedanken eigentlich nicht auch bei der Behandlung einnässender Kinder auf? Hier werden allzu oft Lösungen gewählt, die der ersten Möglichkeit entsprechen, also nur das Symptom behandeln. Über Jahre hinweg wird versucht, das Warnlämpchen „Einnässen“ abzustellen – immer wieder ohne Erfolg. Selbst wenn inzwischen weitere Warnlämpchen angegangen sind, die ganz klar signalisieren: Hier stimmt etwas Grundsätzliches nicht.

Immer wieder versucht man, das Warnsignal „Einnässen“ auszuschalten. Mit vielen Mitteln: Möglichst wenig Flüssigkeit, möglichst oft zur Toilette, tagsüber, aber auch nachts, deshalb mehrmals wecken, die Blase trainieren, damit sie mehr und besser hält. Irgendwie muß das Einnässen weg, Stop und aus. Zu viele Familienmitglieder und zu viel Familienleben leiden darunter. Denn es bessert sich nichts.

Der Wunsch, das Einnässen abzustellen, ist mehr als verständlich. Doch inzwischen wissen Sie, daß Manipulationen an der Urinmenge und an der Blase selbst nicht die Lösung sein können. Denn die Blase ist nicht zu klein, zu schwach und auch nicht unzureichend verschlossen. Mit solchen auf die Organe ausgerichteten Maßnahmen schafft man es nicht einmal, das Warnlämpchen auszuschalten – geschweige denn, die Ursache zu beseitigen.

Es ist also sinnlos, das Übel beseitigen zu wollen, ohne das Übel an der Wurzel zu packen. Denn das Einnässen ist ja nur das Signal, das Symptom. Zuallererst geht es darum, die **Gründe** zu **beseitigen**, die das Signal „aufleuchten“ – also das Kind einnässen lassen. Wenn es gelingt, diese Gründe zu erkennen und zu beseitigen (denken Sie an die „Belastungstage“ im Einnäßkalender), dann hört das Einnässen ganz von selbst auf – so wie das Warnlämpchen im Auto ganz von selbst ausgeht, sobald der Motor wieder genug Öl hat.

Wenn keine organischen Ursachen für das Einnässen vorliegen, keine Fehlbildungen, Stoffwechselstörungen oder Fehlfunktionen bei der Muskelkoordination, ist es unnötig – ja sogar schädlich – regulierend auf die Aktivitäten von Nieren, Blase, Nerven und Muskeln einzuwirken. Das wäre eine reine Symptombehandlung – der untaugliche Versuch, ein Symptom, also ein Zeichen oder Signal für einen Fehlablauf zu beseitigen, ohne die Ursachen für diesen „Fehler", auf den das Signal ja hinweist, zu suchen. Sie verstehen: Dem Warnlämpchen den Saft abdrehen – das bringt nichts.

Und dazu kommt: Das Einnässen spielt hier auch gar nicht mit, wie viele Eltern sicher schon leidvoll erfahren haben. Der typische Einnäßverlauf – **nach Belastungstagen vermehrt naß, nach Normaltagen vermehrt trocken** – bleibt auch unter der Therapie erhalten. Flüssigkeits-Einschränkung, nächtliches Wecken, Blasentraining, Antidepressiva oder nieren- bzw. blasenspezifische Medikamente sind ungeeignet, eine nicht organisch bedingte Enuresis endgültig oder auch nur längerfristig zu heilen. Und damit nicht genug: Flüssigkeits-Einschränkung, nächtliches Wecken und Blasentraining stellen für viele Kinder eine so große Belastung dar, daß durch sie allein die Zahl der nassen Nächte noch zunehmen kann.

Kennen Sie diese Situation?

„Sie hatte etwas Fanatisches, unsere Einnäßgeschichte. Jede neue Behandlungsmethode, jedes Mittelchen, von dem wir gelesen oder gehört hatten, mußten wir, d.h. eigentlich nur unsere arme ***Claudia****, ausprobieren. Die ersten 2 Nächte, mal sogar 8 Nächte am Stück, klappte jedes Wundermittel. Unsere Claudia war plötzlich trocken. Neue Besen kehren ja bekanntlich gut. Und wir dachten: „Das gibt es doch nicht.* ***Das*** *ist es jetzt gewesen? Doch, von wegen Erfolg! Egal was es war – die Spezialunterwäsche zur gleichmäßigen Temperierung der Blase, der Fußkeil im Bett oder wirkstoffreiche Mittel wie Antidepressiva, Pfefferminzpastillen, neue Bettwäsche oder Walgesänge zum Einschlafen – wir konnten uns immer darauf verlassen:*

Nach einem Starterfolg begann das Einnässen nach ganz kurzer Verschnaufpause wieder. Als ob es nur eine Auszeit genommen hätte, um uns dann erneut mit seiner Anwesenheit zu erfreuen.

Besonders schlimm, aber im Nachhinein unheimlich wichtig, waren unsere Erlebnisse mit einer heiß empfohlenen und garantiert erfolgreichen Nacht-Weck-Serie. Vier Nächte lang hielten wir einen Rhythmus von 2 Stunden Schlaf, Wecken, Toilettengang, 2 Stunden Schlaf, Wecken usw. durch. Erst als eine Nachbarin meinen Mann und mich fragte, ob denn jemand bei uns im Haus schwer krank sei, schauten wir uns an und sagten wie aus einem Munde „Ja, wir beide!". Und dann bekamen wir die Quittung für diesen Wahnsinn: Claudia war eine Nacht nach Abbruch der Weckserie trocken, sie konnte nämlich überhaupt nicht mehr schlafen und mußte sich mehrmals übergeben. Dafür näßte sie nun fast einen Monat lang auch tagsüber ein, was sie vorher noch nie getan hatte.

So weit hatte es bei uns erst kommen müssen, bis wir begriffen hatten: 'Das alles muß jetzt ein Ende haben. Keine Therapie mehr, auch kein ganz kleiner Versuch!'" (Mutter der 8jährigen Claudia).

Genau das muß passieren. Genau zu dieser Erkenntnis müssen Eltern erst einmal kommen, um den Hebel herumzureißen und die Weichen für einen neuen, endlich wirklich erfolgreichen Weg zu stellen. Die Leidensgeschichte muß zwar nicht unbedingt so lang und strapaziös sein – und sie muß auch keinen derart dramatischen Höhepunkt haben. Aber solange die eindeutige Abkehr von den bisherigen Therapieversuchen und den inzwischen selbst entwickelten familiären Anti-Enuresis-Programmen noch nicht vollzogen ist, gibt es für das Trockenwerden keine realistische Chance.

Der neue Weg zum Trockenwerden: Welche Schritte müssen Sie gehen?

Schritt 1: Die Liste des schlechten Gewissens

Stellen Sie eine Liste zusammen, in die Sie alle Punkte eintragen, die Sie wegen des Einnässens Ihres Kindes oder speziell gegen sein Einnässen durchführen.

Das klingt ganz einfach: z.B. kontrolliertes Trinken, abendliches und nächtliches Wecken, Windelpflicht, zur Toilette schicken nach der Uhr, Erinnerungen nach dem Motto „Muß hier nicht vielleicht mal jemand zum Klo?“ fallen einem schnell ein. Aber erst beim genaueren Hinsehen merkt man, wie viele Maßnahmen sich inzwischen verselbständigt haben und schon ganz automatisch über den Tag mitlaufen.

Einige Beispiele aus meiner Beratung sollen Sie an Ihre hauseigenen Besonderheiten erinnern, damit diese bei der Auflistung nicht vergessen werden – zum Beispiel:

- Der zufällige Griff unter die Bettdecke beim Guten-Morgen-Sagen
- Nur eine Tasse Schoki zum Frühstück
- Seit Jahren keine geliebte Spargelcremesuppe nach Omas Rezept, weil Spargel „wassertreibend“ ist
- Nie barfuß laufen dürfen, damit die Blase sich nicht auch noch verkühlt
- Kein Toilettengang ohne deutliches Familieninteresse, nie ohne ein zusätzliches Paar beobachtender Augen und lauschender Ohren
- Der letzte Satz vor dem Gute-Nacht-Sagen heißt nicht „Schöne Träume“ oder „Ich mag Dich“, sondern „Warst Du noch auf der Toilette?“
- Die ins Nachtgebet eingeschlossene Bitte für eine trockene Nacht

Alle Punkte in dieser Liste sind von den Eltern gut gemeint – aber jeder einzelne Punkt belastet das Kind. Denn das Thema „Einnässen“ steht von morgens bis abends auf der Tagesordnung. Das Kind fühlt sich ständig an sein

„Versagen“ erinnert. Die fatale Folge: Schuldgefühle und schlechtes Gewissen rund um die Uhr. Das Ergebnis ist vorprogrammiert: Noch mehr nasse Nächte. Obwohl alles so gut gemeint war.

- **Schritt 2: Die Liste vergessen**

Haben Sie die Liste fertig? Ist sie vollständig? Dann kommt jetzt der nächste Schritt. **Lassen Sie ab heute bewußt alle Listenpunkte weg**. Vergessen Sie keinen beim Vergessen. Dafür war die Liste nötig. Denn weglassen können Sie immer nur das, was Sie als falsch erkannt haben. Nur so kommen Sie und Ihr Kind aus dem Teufelskreis der vorwurfsvollen Tage und der nassen Nächte raus.

- **Schritt 3: Das „Nie-mehr-Spiel“**

Jetzt kommt das **Durchatmen**, zusammen mit Ihrem Kind. Genießen Sie mit ihm das „**Nie-mehr-Spiel**“: **Nie mehr** nachts allein das Bett beziehen müssen, **nie mehr** nachts geweckt werden, **nie mehr** durstig ins Bett, **nie mehr** der schreckliche Wecker mitten im Spiel. Dann steht einem Neuanfang nichts mehr im Wege.

- **Schritt 4: Der neue Job**

Der **Neuanfang** startet mit einer Beschreibung Ihres neuen Arbeitsplatzes. Sie sind zwar als „Blasen-Kontrolleur“ fristlos entlassen (mangels Erfolg), haben aber eine weit höhere Position bekommen – nämlich als „**Belastungs-Detektiv**“, als persönlicher Helfer (ein verdienstvoller Job, mit dem Sie sich viel Anerkennung holen können).

Ab sofort interessiert sich niemand mehr dafür, wieviel getrunken wird, wann zur Toilette gegangen oder eben nicht gegangen wird. Dafür hat sich nun Ihr Interesse ganz auf das auszurichten, was ihr Kind erlebt und – ganz wichtig – wie es ihm dabei geht, was es dabei empfindet. Sie müssen wissen, wann es Kummer hat. Denn gerade bei Kummer braucht es Ihre Zuwendung und Ihre Hilfe – und zwar bevor sein starker Zuwendungs-Wunsch aufgrund alter

Erinnerungen – ganz unbefugt und fehl am Platz – das Kommando zur Harnabgabe auslöst (siehe auch die Geschichte mit der „Sprechblase“ in Kapitel 6).

Vor diesem Hintergrund werden Sie verstehen, daß **Kalender-Führung** und **Kalender-Auswertung** von heute an zu Ihren Aufgaben gehören. Unseren Spezialkalender, eigentlich ein Tagebuch, kennen Sie ja schon aus Kapitel 6. Relativ unwichtig dabei ist, wie viele trockene und wie viele nasse Nächte es gibt. Ganz unwichtig ist, wieviel an den Tagen vor den einzelnen Nächten getrunken oder nicht getrunken wurde. Sie interessiert nur, was an den Tagen passiert ist:

- **Welche Belastungen sind es, die mein Kind einnässen lassen?**
- **Welche besonderen Ereignisse haben plötzlich trockene Nächte oder Tage zur Folge?**

So ein Kalender läßt oft recht schnell klar sehen und die Zusammenhänge verstehen. Doch das ist nicht immer so einfach. Deshalb ist es immens wichtig, daß die **Belastungen aus Kindersicht** eingetragen werden und nicht die Ereignisse und Vorfälle, von denen die Eltern meinen, hier eine Belastung für ihr Kind zu sehen.

Schulische Probleme oder Unwohlsein infolge einer Krankheit werden erfahrungsgemäß von Kind und Eltern am ehesten erkannt und als Belastung eingestuft. Auch bei Konflikten zwischen Freunden gibt es wenig Diskussionen, ob diese nun eine Belastung für das Kind darstellen oder nicht.

Schwieriger – mitunter auch nicht allein in den eigenen vier Wänden lösbar – wird die Sache, wenn Situationen im Familienleben die Hauptursache für Belastungen (und damit für das Einnässen) sind. Eigene Betroffenheit, unbeweglich machende familiäre Verflochtenheit oder einfach ein gewisses Maß an Betriebsblindheit verlangen viel Stärke, Verständnis, Empathie und Geduld zur Lösung, mitunter zu viel. Hier kann ich nur raten, den Weg zur Beratung nicht zu scheuen und Hilfe von Spezialisten anzunehmen, denen ihre Neutralität hilft, mit dem nötigen Abstand „reinzusehen“ und die deshalb rein fachlich motiviert Unterstützung bieten können.

Anfangs war für mich das fehlende Verständnis vieler Eltern für die Alltagssorgen ihrer Kinder unerwartet hoch. Heute weiß ich, daß es schwerfällt, bei „normalen" Anforderungen eine besondere Hürde zu erkennen.

„Wie kann denn für ***Matthes*** *all das ein Problem sein, was andere Kinder mit links machen? Krach im Schulbus, an dem er wohlgemerkt nicht beteiligt war, hat er als Grund gesehen, um einen Minustag einzutragen. Oder als er beim Umbau des Schulhauses immer in irgendwelchen Ersatzräumen Unterricht hatte, das hat ihm den Tag geschmissen. Bis wir das begriffen hatten, bis mein Mann akzeptiert hatte, daß es diese Dinge sind, die unseren Sohn umwerfen, haben wir bereits ein Vierteljahr Kalender geführt. Jetzt wissen wir, wie wir helfen und wo wir mit Stärkung ansetzen können. Der Erfolg beginnt sich einzustellen."*

Schritt 5: Die tägliche Umsetzung

Jetzt steht nur noch die **Umsetzung ins tägliche Familienleben**, in den Alltag an. Was aus der Kalender-Analyse folgen muß, ist eigentlich ganz einfach:

Auf der einen Seite müssen die Belastungen, die zum Einnässen führen, verringert und dann so schnell wie möglich aus der Welt geschafft werden. Indem man sie, wenn möglich, tatsächlich beseitigt oder – was häufiger nötig sein wird – dem Kind Bewältigungs-Strategien an die Hand gibt, die ihm die Angst nehmen und ihm die Sicherheit geben, auch Unangenehmes, an dem man nicht vorbeikommt, zu bewerkstelligen.

Und auf der anderen Seite müssen die besonderen Erlebnisse und Erfahrungen, die das Kind trocken sein lassen, gepflegt und vermehrt werden. Damit die sie begleitenden guten und sicheren Gefühle immer wieder aufkommen. Dann ist das Kind befriedigt, fühlt sich angenommen, wertgeschätzt und geliebt – und dann verkraftet es auch Belastungen besser. Das Einnässen wird unnötig. **Es hört auf – weil sich niemand mehr um die Blase kümmert, dafür um so mehr um das Kind**.

Die drei Voraussetzungen für Ihr Sauberkeits-Erfolgs-Programm

Voraussetzung 1 kennen Sie bereits. Es ist die **kompromißlose Abkehr vom bisherigen Therapieweg**.

Voraussetzung 2 ist eine neue **Lockerheit dem Einnässen gegenüber**, die Eltern und Kind sich erst bewußt aneignen müssen. Das klingt recht einleuchtend, ist sicher auch in seiner Bedeutung nachvollziehbar, aber dennoch alles andere als einfach.

Die wenigsten Eltern, die zu mir kommen, nehmen das Einnässen ihres Kindes locker. Sonst kämen sie ja wahrscheinlich auch nicht. Es ist zu einem zu großen Problem geworden, mit zu viel Mißerfolg beladen, oft auch mit gegenseitigen Verletzungen verbunden, die die Eltern-Kind-Beziehung zumindest in diesem Punkt verkrampfen lassen. Das Einnässen und sein therapeutisches Beiprogramm sind in Einzelfällen zum „Kriegsschauplatz“ zwischen dem Kind und meist einem Elternteil geworden.

Jetzt die bisherigen Maßnahmen gegen das Einnässen fallen zu lassen – von einem Tag auf den anderen – das ist schwierig, weil sie bislang die Hauptaktivitäten zwischen den beiden Kontrahenten darstellten. Zum Beispiel, ob und wieviel man trinken darf, ob jetzt oder ob eben jetzt nicht zur Toilette gegangen wird, ob eine nasse Hose selbständig oder mit Hilfe oder überhaupt nicht ausgezogen wird, ob Windeln getragen werden müssen oder aber nicht erlaubt sind. Die Ansatzpunkte für Probleme können vielfältig sein. Das Einnässen und seine Behandlungen bieten ein breites Spektrum an Kampfmöglichkeiten.

Und diesen täglichen Kampf gegen das Einnässen soll man jetzt einfach vergessen? Das schafft niemand so „mir nichts, dir nichts“ von heute auf morgen. Dieses so wichtige gemeinsame Durchatmen und Durchstarten klappt nicht sofort. Es verlangt sorgfältige Vorbereitung. Der Neuanfang kommt erst langsam in Gang.

Aber werfen Sie die Flinte nicht gleich ins Korn. **Wenn Sie den Neuanfang wirklich wollen, dann werden Sie ihn auch schaffen**. Oft steht bereits seit Jahren der Kampf im Mittelpunkt der täglichen Beziehungen. Dieses Konfliktpotential verschwindet nicht von einem Tag auf den anderen. Am Kampf „Toilettengang – ja oder nein“, dem häufigsten Beispiel in meiner Beratung, möchte ich Ihnen eine erfolgreiche Lösung aufzeigen.

Versuchen Sie, sich zu verdeutlichen:

- Ihr Kind will Sie mit der Weigerung, auf die Toilette zu gehen (und dem Einnässen einige Minuten später) nicht bösartig provozieren, sondern es versucht auszutesten, ob es eigentlich bei Auseinandersetzungen immer derjenige ist, der verliert, der nachgeben muß.
- Es täte nichts lieber, als in aller Ruhe zum selbstgewählten Zeitpunkt auf der Toilette Harn zu lassen – von niemandem bemerkt und registriert – also umgeben von Menschen, die sowohl an der Tatsache wie am Ergebnis des Toilettengangs gänzlich uninteressiert sind.
- Das aber kann es nicht mehr, weil inzwischen zuviel Negatives, Ängstigendes und Verkrampfendes passiert ist, das nun aus einem harmlosen Toilettengang ein erzwungenes, deprimierendes und demütigendes Ereignis gemacht hat – eine gehaßte Aktion, gegen die man aufbegehren muß, wenn man nicht Gefahr laufen will unterzugehen.

Es gibt nur einen Weg für einen erfolgreichen Neuanfang: **Jagen Sie das ganze Thema zum Teufel**. Klammern Sie es völlig aus der Konversation aus, und zwar aus der verbalen wie der nonverbalen. Vermeiden Sie alles, was mit dem Thema „Einnässen“ zu tun hat – ob Worte oder Blicke, Mimik oder Gesten, auch Wutschnauben oder Stöhnen. Das ist der beste und einzige Weg, aus dem ganzen Dilemma herauszukommen und einen Neustart zu schaffen.

Anfangs wird es drunter und drüber gehen, wenn plötzlich dieses Gesprächs-Thema und die dazugehörigen Erziehungs-Programme wegfallen. Ihr Kind wird ab und zu trocken, meist naß sein, mal zur Toilette gehen, mal nicht, ganz lange den Toilettengang hinausschieben, den Urin einhalten, auf Ihre Aufforderungen warten, Sie nicht aus den Augen lassen. Denn Sie waren ja bisher für alles im Umkreis der Blase tonangebend. Ihr Kind wird wie gewohnt Tadel oder Vorwürfe beim Einnässen erwarten, Lob beim „selbstverständlichen“ Toilettengang – und es wird die Welt nicht mehr verstehen, wenn beides nicht kommt.

Deshalb müssen Sie Ihrem Kind vermitteln: „Ab jetzt bist Du für Deine Blase zuständig, nicht mehr ich. Und Du kannst es!“ – „Kümmert sich denn keiner mehr um mich?“ so wird Ihr Kind wahrscheinlich fragen, wenn seine Blase, sein Einnässen, sein Trockensein plötzlich keine Themen mehr sind. Auch, wenn ihr Kind diese Frage nicht offen stellt – machen Sie ihm auf jeden Fall klar: „Doch, um **Dich** kümmern wir uns sehr, vielleicht sogar noch mehr als zuvor. Aber um Deine **Blase** mußt **Du** Dich kümmern. Das ist jetzt **Dein** Job“.

Hier kommen wir zur **3. Voraussetzung**: Eine **strikte Arbeits- und Kompetenz-Aufteilung** wird nötig. **Ihr Kind bekommt das Management über seine Blase zurück – und Sie sind für die Bewältigung der Sorgen zuständig**. Eigentlich ist hiermit der jeweilige Arbeits- und Verantwortungsbereich klar, beide sind eindeutig voneinander getrennt. Doch beobachte ich immer wieder eine spezielle Situation, in der wieder eine nicht erstrebenswerte Vermischung drohen kann.

Sollte die Enuresis-Geschichte Spuren hinterlassen haben – d.h. wenn Ihr Kind sich ein auffallendes, eher ungewöhnliches Harnlassen in Hektik und unter Spannung angewöhnt hat – so sind entspannende Übungen vor und beim Wasserlassen wichtig. Aber wer bringt dem Kind bei, sich zu entspannen, seine Wahrnehmung auf die vollständige Blasenentleerung zu konzentrieren, in aller Ruhe zu Ende zu pinkeln? Die Eltern, weil das ja in den Sorgenbereich zählt? Oder gerade nicht die Eltern, weil hier wieder die Blase und das Toiletten-Procedere angesprochen werden, die beide nun endlich nicht mehr in ihr Ressort fallen?

Für viele Eltern sind das heikle Fragen, für die ich Ihnen aber eine erprobte Lösung anbieten kann: Reden Sie mit Ihrem Kinderarzt oder Ihrer Kinderärztin. Sagen Sie ihm (oder ihr) zuerst, daß Sie und Ihr Kind eine neue Arbeitsteilung vereinbart haben:

Ihr Kind ist der „Blasen-Manager“ – Sie sind der „Sorgen-Manager“.

Damit machen Sie Ihrem Arzt sofort klar, warum Sie gerade nicht in die Rolle des Mittherapeuten zu Hause schlüpfen wollen.

Legen Sie das Thema „**Entspannungs-Übungen**“ vertrauensvoll in die Hand des Arztes. Bitten Sie ihn, ihrem Kind als fachkundiger Außenstehender die wichtigen Zusammenhänge zu erklären und – falls es bereits lesen kann – einen Merkzettel mitzugeben. Darauf kann z.B. stehen: „Setze oder stelle Dich bequem hin, keine Eile, also kein Pressen und Drücken“. Vielleicht wird auch geraten, nach der Harnabgabe noch kurz auf der Toilette zu bleiben und es noch mal zu versuchen, denn oft kommen noch einige Tropfen Urin nach.

Das ist eine gute Lösung – und eine wichtige Hilfe für Ihr Kind. Denn Ihr Kind weiß so, wie es einfacher geht und was es besser machen kann, wenn es ungestört auf der Toilette ist. Es fühlt sich aber nicht wieder blasenmäßig entmündigt und kontrolliert. Denn Sie als Eltern mischen sich ja jetzt nicht mehr in seine Blasenbelange ein. Sie fungieren nur noch als Vorbild zum Nachahmen, so wie Sie es in den ersten drei Kapiteln zur Sauberkeits-Erziehung gelernt haben. Und – Sie dürfen Ihren Job als „Sorgen-Manager“ nicht an Dritte (z.B. an Psychopharmaka) abgeben. Denn die können keine Probleme lösen.

Nur sie als Eltern können Ihrem Kind helfen, seine Einnäßgründe zu finden. Und nur Sie können diese Belastungen gemeinsam mit Ihrem Kind beseitigen. Das ist keine kleine, aber die einzig richtige Aufgabe. Denn nur so schaffen Sie es gemeinsam, daß Ihr Kind trocken – und glücklich wird. Und ein glückliches Kind ist die beste Voraussetzung für eine glückliche Familie.

Kapitel 8: Das Wichtigste in Kürze

- Verzichten sie ab sofort auf alle bisher erfolglos versuchten Behandlungs-Methoden und Therapien. Nur so können sie Ihr Kind entlasten. Nur so bekommt Ihr Kind die Chance zum Trockenwerden.
- Hören Sie auf mit Ihrem täglichen Kampf gegen das Einnässen. Kümmern Sie sich um Ihr Kind – und nicht um dessen Blase. Stärken Sie sein Selbstbewußtsein, und zeigen Sie Ihrem Kind jeden Tag aufs Neue, wie toll Sie es finden. Dann hat die Blase bald keinen Grund mehr zu rebellieren.

Weitere Bücher von Gabriele Haug-Schnabel

Enuresis. Diagnose, Beratung und Behandlung bei kindlichem Einnässen (Ernst Reinhardt, München, 1994)

Aggressionen im Kindergarten. Verständnis und Bewältigung (Herder, Freiburg, 1996)

Woher kommen die kleinen Jungen und Mädchen? (Ernst Reinhardt, München, 1996, mit Seelmann, K.)

Sexualität ist kein Tabu – Vom behutsamen Umgang mit einem schwierigen Thema (Herder, Freiburg, 1997)

Die Oberstebrink Elte

Die richtigen Eltern-Ratgeber für die

Die Ratgeber-Reihe

Das Standardwerk für alle Eltern, die für sich und ihre Kinder ruhige Nächte haben wollen

Hardcover, 157 S.,
4-fbg. Fotos und Abb.
DM 29,80 · ÖS 218,--
SFR 28,-- · LIT 31.600,--
ISBN 3-9804493-0-0

Das Regelwerk für alle Eltern, die ihren Kindern klare Spielregeln für ein harmonisches Familienleben vermitteln wollen

Hardcover, 157 S.,
4-fbg. Fotos und Abb.
DM 29,80 · ÖS 218,--
SFR 28,-- · LIT 31.600,--
ISBN 3-9804493-1-9

Die Pflichtlektüre für alle Eltern, die ihren Kindern helfen wollen, den Schulalltag zu meistern

Hardcover, 158 S.,
4-fbg. Fotos,
Abb. und Illustrationen
DM 29,80 · ÖS 218,--
SFR 28,-- · LIT 31.600,--
ISBN 3-9804493-2-7

Die neuesten Erkenntnisse zur Erkennung und Behandlung von Kindern mit Aufmerksamkeits- und Konzentrationsstörungen

Hardcover, 319 S., 4-fbg.
Abb. und Illustrationen
DM 38,00 · ÖS 278,-- ·
SFR 35,50 · LIT 39.900,--
ISBN 3-9804493-6-X

rn-Bibliothek

wichtigen Jahre

Die Magazin-Buch-Reihe

Das aktuelle Standardwerk für alle werdenden Eltern – und alle, die es werden wollen

Hardcover, 286 S.,
4-fbg. Fotos,
Abb. und Illustrationen
DM 34,80 · ÖS 255,--
SFR 32,50 · LIT 36.900,--
ISBN 3-9804493-5-1

Der Leitfaden für alle Mütter, die mit ihren Kindern und ihren Aufgaben wachsen wollen

Hardcover, 286 S.,
4-fbg. Fotos
DM 34,80 · ÖS 255,--
SFR 32,50 · LIT 36.900,--
ISBN 3-9804493-7-8

Spielregeln für das reibungslose Zusammenspiel von Eltern und Kindern

Hardcover, 192 S.,
4-fbg. Fotos
DM 34,80 · ÖS 255,--
SFR 32,50 · LIT 36.900,--
ISBN 3-9804493-8-6